図解でスッキリ

EY
Building a better
working world

暗号資産の会計と ブロックチェーン のしくみ

EY新日本有限責任監査法人 ──[編]

中央経済社

発刊にあたって

　暗号資産やブロックチェーンは決済や投資手段などとして裾野が広がってきています。

　2018年に『仮想通貨の会計とブロックチェーンのしくみ』を刊行しましたが，2020年5月に施行された改正資金決済法により「仮想通貨」の名称が「暗号資産」に改められたことから，書名を変更し，またNFTなど最近のトピックを盛り込み本書を刊行することとなりました。

　本書は，図解やキャラクター，そしてできるだけ専門用語でない一般用語を用いた解説で，暗号資産やブロックチェーンのしくみ，リスク，会計・監査の規則や所得税に関するもやもや感を「スッキリ」させることをねらいとしています。

　本書を読めば，暗号資産の歴史，いままでのお金とどこが同じでどこが違うのか，どんなリスクがあるのか，ブロックチェーンとはどのようなしくみなのかの基礎を学ぶことができます。また，暗号資産について公表されている会計の取扱い，監査上の指針や税制について，その概要を把握いただけるように，できる限りかみ砕いて説明しています。

　仕事で接する機会がある方のみならず，暗号資産，ブロックチェーンを理解したいという多くの方に手にとっていただけましたら幸甚です。

2023年7月

EY新日本有限責任監査法人　執筆者一同

Contents

§8　暗号資産をどう表現する?
－会計処理の考え方－ …………………………………… 119

本書の読み方

1-2 暗号資産は目に見えない

取引はすべてネット上で電子データとしてやりとりする

　目に見えないという性質のために，暗号資産にできない取引はあるのでしょうか？　ネットを使うことが前提となりますが，通常の通貨でできることはほぼできると考えてよいでしょう。たとえば，他の通貨との交換，送金，決済，保有，投資などを行えます。暗号資産の場合，こうした取引は電子データのやりとりで行われます。

取引	取引方法
他の通貨との交換	ウェブ上の暗号資産取引所，暗号資産販売所で行う（§3-1）。
送金	ウェブ上の自分の口座から相手口座に送る（§3-6）。
決済	ウェブ上の指定された口座に振り込む。スマホにダウンロードした暗号資産を店頭の端末にタッチする（§3-7）等。
保有	取引所に預ける。ウォレットに保管する（§3-2）。
投資	取引所に預け，暗号資産を売買する（§3-4）。

 Check! なぜ仮想通貨から暗号資産と呼ぶようになった？

　従来はFATFや諸外国の法令等で利用された「virtual currency」の日本語訳である「仮想通貨」が一般的でした。しかしG20等の国際的な場において「crypto asset」の表現が用いられつつあることおよび法定通貨との誤解を生みやすいということから資金決済法の改正により法令では仮想通貨から暗号資産に呼称が変更されました。

③スッキリ丸の疑問や発見により，つまずきやすい点，論点を把握することができます。

スッキリ丸

暗号資産やブロック・チェーンのしくみから，会計・監査・税務の取扱いまで説明するよ！姉妹シリーズのざっくり君も友情出演！

§1

暗号資産とは

最近，暗号資産という言葉をよく耳にするようになりました。しかし，目に見えないこと，取引をしたことがない方も多いことから，「どういうものなのかがよくわからない」という声も聞かれます。§1では，暗号資産と従来の通貨を比較しつつ，その特徴を解説します。

話題になっているから，いまさら聞けないということもあるよね。

1-1 暗号資産って何？

目に見えず，発行機関がなく，特定の国に属さず，
でも怪しくない！？

　暗号資産という言葉を最近，よく耳にするようになりました。どういうものなのでしょうか？　第一の特徴として硬貨や紙幣などではなく，ネット上で電子取引されることが挙げられます。円やドルのように決済に用いることができるのですが，目に見えない通貨なのです。

　暗号資産は，**特定の国に属さない**ことも特徴です。円は日本，US＄はアメリカ合衆国の通貨です。€はEU加盟国のうち20か国が採用する通貨です。つまり，従来の通貨が国または地域を基盤とする**法定通貨**であるのに対し，暗号資産は特定の国を基盤としません。これは，いくつかの意味を持ちます。まず，**通貨の信用**です。従来の通貨では国等が後ろ盾となりますが，後ろ盾がない暗号資産の信用は別の方法で確保する必要があります。一方，国に属さないことで，**地政学的リスク**の影響を受けないという面ではメリットがありそうです。

　通貨が流通するためには，**取引の安全**が確保される必要があります。通貨が偽造されたり，取引記録が改ざんされたり，送金中に抜き取られたりといったことはあってはなりません。従来の通貨では，偽造防止のために様々な技術が駆使され，銀行はコンピュータに多大なコストをかけ，取引の安全性を図っています。こうした基盤がない暗号資産に対しては，**ブロックチェーン**等の技術が編み出され，取引の安全が図られています。

　どうやら暗号資産は，ずいぶん個性的な通貨のようです。以下で，もう少し深く見ていきましょう。

暗号資産 VS 従来の通貨

暗号資産と従来の通貨は，様々な点で性質が異なる。

暗号資産	従来の通貨

■ ネット上に存在し，目に見えない　　■ 実体があり，目に見える

■ 特定の国や地域に属さない　　　　　■ 特定の国や地域に属し，影響を
　　　　　　　　　　　　　　　　　　　　受ける

■ 取引の安全に対し，従来と異な　　　■ 送金等の取引の安全は，主に
　るしくみを用いる　　　　　　　　　　銀行が守る

1-2 暗号資産は目に見えない

取引はすべてネット上で電子データとしてやりとりする

　目に見えないという性質のために，暗号資産にできない取引はあるのでしょうか？　ネットを使うことが前提となりますが，通常の通貨でできることはほぼできると考えてよいでしょう。たとえば，他の通貨との交換，送金，決済，保有，投資などを行えます。暗号資産の場合，こうした取引は電子データのやりとりで行われます。

取引	取引方法
他の通貨 との交換	ウェブ上の暗号資産取引所，暗号資産販売所で行う（§3-1）。
送金	ウェブ上の自分の口座から相手口座に送る（§3-6）。
決済	ウェブ上の指定された口座に振り込む。スマホにダウンロードした暗号資産を店頭の端末にタッチする（§3-7）等。
保有	取引所に預ける。ウォレットに保管する（§3-2）。
投資	取引所に預け，暗号資産を売買する（§3-4）。

 Check!　なぜ仮想通貨から暗号資産と呼ぶようになった？

　従来はFATFや諸外国の法令等で利用された「virtual currency」の日本語訳である「仮想通貨」が一般的でした。しかしG20等の国際的な場において「crypto asset」の表現が用いられつつあることおよび法定通貨との誤解を生みやすいということから資金決済法の改正により法令では仮想通貨から暗号資産に呼称が変更されました。

暗号資産でできること

暗号資産の取引は，パソコンかスマホでできるよ！

■暗号資産を販売所で買う，または売る

■暗号資産を取引所で売買する

■他の口座に送金する

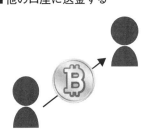

■決済する

■保有する

■投資する

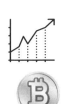

1-3 暗号資産は特定の国に属さない

特定の国に属さない2つのメリット

　暗号資産が特定の国に属さないメリットは大きく2つあります。

　1つは，**地政学的リスク（戦争やテロ，財政破たん等のリスク）に晒されにくい**ことです。地政学的リスクに晒された国の通貨の価値は一般に下がるため，その国の人の財産が毀損するおそれがあります。また，**ハイパーインフレ**でお金が紙くずになる場合もあります。一方，特定の国に属さない暗号資産の場合，こうした影響は受けにくいと考えられます。このため，自国通貨の価値が不安定な国では，暗号資産を代替通貨として持つ動きが出てきています。

　もう1つは，異なる法定通貨の国同士の送金取引でのメリットです。法定通貨の場合，取引者の少なくともいずれかが自国以外の法定通貨での取引となり，両替が必要となります。両替には為替手数料がかかりますし，送金者が送金をする場合は，国際的な決済機関を通すことにより送金に数日かかることが一般的です。暗号資産で取引をする場合は，自分の口座から相手の口座に直接送金するだけでよく，数秒から数時間といった短時間での送金も可能となります。

🔑 Key Word　ハイパーインフレ

　急激にインフレが進行すること。インフレで通貨の価値が目減りするため，通貨の発行を増やすと，さらにインフレになり…と悪循環が起こり，ハイパーインフレになります。

地政学的リスクと通貨の価値の関係とは？

地政学的リスクが高まると，一般にその国の通貨の価値は下がる。
その理由は？

ある国でテロや戦争，または，財政破
たんが起こる。
➡その国への投資や，その国との取引
　が消極的になる
➡その国の通貨の需要が下がる
➡その国の通貨の価値が下がる

一方，特定の国に属さない暗号資
産は，地政学的リスクの影響は受
けにくい。

自国通貨が
不安定な国では，
代替通貨として
暗号資産が
持たれるように
なるんだね。

1-4 暗号資産は法定通貨ではない

後ろ盾がない暗号資産の信用はどう担保されているの？

　暗号資産の対極の概念に，**法定通貨**があります。法定通貨とは，決済手段としての利用の強制力が法律で定められたものです。

　円は法定通貨に該当し，日本の店舗で買い物をする場合，その店主は円による決済を拒否できません*¹。その代わりに法を制定し，それを国民に守らせる日本国は日本銀行とともに，円の信用を守る立場にあります。具体的には景気を勘案し，法定通貨の**発行量**を調整・管理する一方，必要に応じ為替相場に強制介入するといったことを行っています。

　暗号資産の場合も**信用**は重要です。もし，価値が暴落したらどうでしょうか？　暗号資産は使われなくなり，さらに価値が下がるといった悪循環になります。国といった後ろ盾がない暗号資産は，自ら信用を保つしくみが必要となります。

　しくみは暗号資産により異なりますが，代表的なビットコインの場合は，プログラムによりあらかじめ発行量の上限が決められています。これにより，量が増えすぎることによる価値の下落の心配はなくなります。

　「法定通貨でない*²ために国家の裏付けがない＝信用できない」と言われないよう，いろいろと考えられているのですね。

*1　硬貨については使用量の制限がある。

*2　エルサルバドルでは，2021年9月からビットコインが法定通貨となっている（§2-9）。

通貨の信用の基本は，価値の安定！

従来の通貨は国や中央銀行が通貨の信用を図るが，特定の国に属さない暗号資産は，別のしくみで信用（価値）を維持する。

従来の通貨

中央銀行
（日本の場合は，日本銀行）

景気を良くしたいときには発行量を増やし，景気を引き締めたいときには発行量を減らす。大幅な金融緩和が行われると，通貨の価値が下落するおそれがある一方，必要に応じ，為替相場に直接介入するという調整も行う。

暗号資産

暗号資産によっては，上限設定がないものもあるんだ。

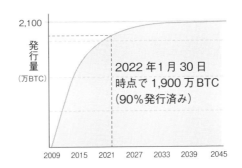

2,100

発行量
（万BTC）

2022年1月30日
時点で1,900万BTC
（90%発行済み）

2009　2015　2021　2027　2033　2039　2045

発行量をあらかじめプログラムする，上限を決めておくことで，「通貨の供給増加による価値下落」という現象がおきないようにしている（代表的な暗号資産であるビットコインの場合）。

暗号資産は怪しくない!?

1-5

取引の安全性を担保するしくみがある

通貨が流通するには，**取引の安全**の確保が必要です。特に暗号資産は，電子データのため，ハッカーにより，暗号資産の複製（偽造）や取引データの改ざんが行われるのではないか，また送金時に，別の口座に振り込まれるのではないかという危惧を持たれることが予想されます。

取引の安全のために，各通貨では，以下の対策がとられています。

	従来の通貨	暗号資産
偽造防止	●透かしやホログラム等，高度な技術を駆使した通貨を作る	●分散型台帳（§4-7） ●ブロックチェーン（§4）
取引データ改ざん防止	●ハッカーが突破できないような強固なシステムを各銀行が構築する	●分散型台帳 ●ブロックチェーン
送金の安全性		●ブロックチェーン ●秘密鍵（§4-3）

このなかでもその技術が注目されているのが，**分散型台帳**です。国家という後ろ盾がなく，また銀行のような強固なシステムを用いることなく，偽造や取引データの改ざんを防止することに成功しています。暗号資産が「怪しくない通貨」と認識され普及に貢献した立役者です。詳細は§4で説明しますが，ここでイメージをつかんでおきましょう。

暗号資産の戦法は，取引台帳の分散だ！

銀行取引も暗号資産取引も，取引台帳をハッキングによる改ざんから守る戦法がある。暗号資産は従来と全く異なる戦法をとった。

銀行の戦法（イメージ）

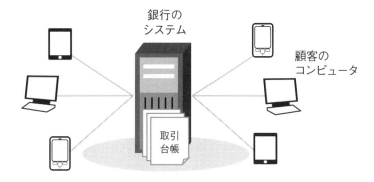

銀行の
システム

顧客の
コンピュータ

取引
台帳

取引台帳は銀行のシステムの中に保管される。取引台帳を改ざんされないよう，銀行のシステムを強固にする。

暗号資産の戦法（イメージ）

取引台帳は取引参加者の全員のパソコン等の中に保管される。仮に，1つの取引台帳が改ざんされても，すべての取引台帳を改ざんすることはできない。改ざん等により異なるデータが生じた場合は，多数決で，正しいデータが判定される。

改ざんされた
取引台帳

1万ビットコインのピザ

　現実世界でビットコインが初めて使われたのは，2010年5月22日といわれています。1ビットコインが1セント以下のレートだった当時，ビットコイン開発者の一人がピザを1万ビットコインで購入したそうです。もし，今でもピザ屋さんが1万ビットコインを持ち続けているのなら，300億円程度（2023年1月現在）の価値になります。

　このことから5月22日はビットコインの記念日とされ，ビットコイナー（ビットコイン愛好家）たちが，世界中でイベントをするようになりました。

　なかでもサトシクラブの会員（既存会員に100ビットコイン以上を所持していることを示すと入会できるアンオフィシャルな会員制クラブ）がピザを食べることは恒例行事になっています。今から100ビットコインを保有することは相当困難であり，多くの会員は，ビットコインの初期からの投資家です。会員の中には，ビットコイン暴落や暴騰を何度も経験した猛者もいるでしょうから，当時の感想などを聞いてみたいものですね。

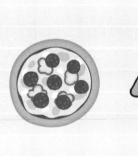

暗号資産トレードで資産が1億円を超えた人は億り人って呼ばれてるよ！うらやましい！

§2

貨幣，暗号資産の歴史と革命性

最初の暗号資産であるビットコインは2008年に1つの論文より生まれました。

当初は懐疑的だった金融機関も，続々と独自の暗号資産の発行計画を発表し，ビットコインの時価総額は2023年1月で57兆円を超えており，爆発的な広がりを見せています。なぜ暗号資産が広がりを見せているのか貨幣の歴史から考えてみましょう。

そもそも，お金ってなんで価値があると感じるの？
暗号資産って，なんで価値があるっていえるの？

2-1 貨幣の誕生と３つの機能

貨幣はなぜ誕生したのか？

　貨幣は，物々交換のデメリットを解決する手段として誕生したと考えられます。

　モノとモノを交換するには，「**欲望の二重の一致**」（①自分が手放そうと思っているものを，相手が欲しいと思う，②相手が手放そうと思っているものを，自分が欲しいと思う）が必要です。**リンゴを持っていて牛肉が欲しい人が，牛肉を持っていてリンゴが欲しい誰かを探すのは大変**です。

　このデメリットを解決する手段が，価値を数値で表した「貨幣」です。

　貨幣には「**交換機能**」があります。牛肉とリンゴを物々交換するのは大変ですが，貨幣があれば，牛肉1kgを1万円で売却して，1万円を使ってリンゴを保有している人から買うのは簡単です。貨幣を介することで交換の利便性が増すのです。

　次に「**価値貯蔵**」としての機能があります。牛肉やリンゴは，時間が経つうちに傷んできます。貨幣があれば新鮮なうちに牛肉1kgを1万円で売る，つまり価値の高い時にモノを処分でき，価値を貯蔵できるのです。

　さらに貨幣は「**価値尺度**」としての機能があります。牛肉を持っている人がリンゴと共にトマトが欲しかったら，それぞれ換算個数を把握することが必要です。牛肉1kgを1万円で売って，1個400円のリンゴを20個買い，残った2千円で200円のトマトを10個買うというように，貨幣で換算することにより価値を1つの尺度で表すことができるのです。

貨幣の3つの機能

■ 物々交換が成立するには

欲望の
二重の一致
が必要

リンゴを何個か欲しい。牛肉と
交換してくれる人いないかな…

リンゴだけじゃなく, 牛肉も欲しい。
探すの疲れた…

このような2人が巡り会うのは難しい。リンゴを持っている人が見
つかっても, 相手の欲しいものが卵なら交換は成立しない。

■ 貨幣があれば

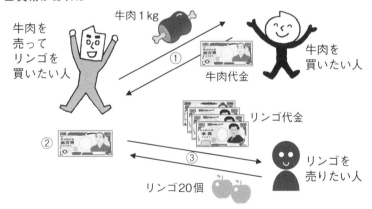

① 牛肉1kgを1万円で売る(交換機能), ② 他のモノを買うために
取っておく(価値貯蔵機能), ③リンゴを売りたい人に会ったときに
使う(交換機能)というふうに, 交換が容易になる。

貨幣は, 価値尺度機能もあるし,
貨幣の発明ってすごい!

2-2 貨幣の歴史

紙幣の登場

　3つの機能（交換機能，価値貯蔵機能，価値尺度機能）を持つ貨幣が流通するには「価値」が使用する人々に認められることが必要です。

　日本を例に，貨幣の歴史を見てみましょう。

　最初は，貨幣の素材そのものに価値のある「**物品貨幣**」が用いられました。日本では，衣食で用いられる絹，布や米が用いられました。しかし物品貨幣は，傷んで価値貯蔵機能が失われるリスクがあります。

　次に，「**金属貨幣**」が用いられました。日本では7世紀に銀貨（無文銀銭）が，8世紀に銅貨（和同開珎）が初めて鋳造されました。広く一般に流通したのは，中世に入ってからのことで，中国貿易で流入した銅貨が用いられました。江戸時代には，金貨，銀貨，銅貨を幕府が鋳造し，正貨とする三貨制度が定められました。金属は保存しやすい，各貨幣の価値を同一と見なせる，運搬しやすいなどの点が物品貨幣より優れていました。しかし，原料となる金属の調達および金属加工にコストがかかることが欠点でした。

　そこで，「**紙幣**」が登場しました。現存する日本最古の紙幣は羽書（はがき）と呼ばれ，伊勢国で江戸時代初期に発行されました。当初は銀貨の預かり証であり，伊勢神宮の権威により流通したといいます。やがて藩により藩札，旗本領により旗本札と呼ばれる地域限定の紙幣が発行されました。明治時代になり，政府により政府紙幣が発行されました。紙幣は特に交換機能において他の貨幣より優れていますが，他の貨幣に比して製造コストが低く「**偽造される**」リスクが最大の欠点です。

日本の貨幣の歴史

■紙幣の誕生：江戸時代初期，伊勢国

銀貨はかさむし重いなぁ。持ち歩くの大変。

銀貨の預かり証が銀貨の代わりに使えるため，預かり証が貨幣の役割を果たすようになった

五分銀の預かり証

「この羽書と引換えに銀を渡す」という内容，発行者名が記されている

■紙幣の流通

この預かり証を持ちこんだら銀貨に替えてくれるの？

五分銀の預かり証

そうだよ。だから銀貨と同じ価値があるんだ。

神社が言うなら信じられるな！この牛肉を預かり証で売ってもいいよ。

伊勢神宮に信用があったこと等から，羽書に流通性が生まれた

2-3 貨幣と信用

なぜ，1万円札に価値があるのか？

　§2-2の最後で「**紙幣**」が登場しました。現代でも私たちは紙幣を利用します。

　なぜ紙幣に価値があると私たちが感じるのでしょう。江戸時代の紙幣と異なり，現代の紙幣たとえば1万円札は金や銀と交換が保証されるわけではなく，物質としてみればただの綺麗な紙ではないでしょうか。

　1つの回答は，貨幣には3つの機能（**§2-1**）があるからです。1万円札があればその範囲内でモノが買えるし，貯蓄にも回せる。しかし，そもそも3つの機能があると私たちが信じる根拠は何でしょうか。

　普段は意識しませんが，1万円札を発行しているのは日本銀行です。では，日本銀行を私たちはなぜ信じるのでしょう。日本銀行とは，国が定めた中央銀行です。日本政府が日本銀行を通じて1万円札を発行して同額の**信用を付与している**から，私たちは，1万円札という紙幣を信じることができるのです。

 Check!　偽装防止の技術 … ホログラム

　1万円札には様々な偽造防止技術が施されています。その1つとして表面の左下にはよく見るとホログラムが入っています。見る角度によって，桜，券面額，日本銀行の「日」の文字のマークという全く別の，それぞれに綺麗な模様が浮かび上がってくるのです。

貨幣と信用

■国が貨幣に信用を与えている

日本政府

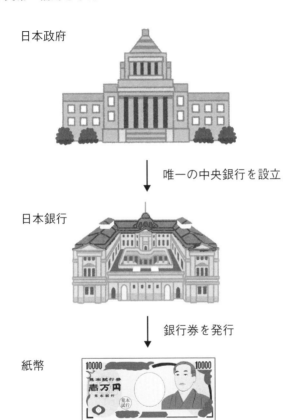

唯一の中央銀行を設立

日本銀行

銀行券を発行

紙幣

発行量を調節してインフレ防止！
偽札は出回らせない！

<table>
<tr><td>2－4</td><td># 貨幣の進化

銀行口座，クレジットカード，電子マネーの登場</td></tr>
</table>

　紙幣は現在に至るまで使われていますが，紙幣を用いずに「**交換機能**」を提供する支払方法も多く利用されています。ビジネスでは紙幣が使用される割合は少なく，銀行口座間の移動が大半です。個人の支払いではクレジットカード，電子マネーの利用が増えています。それぞれの決済方法，特徴，手数料は以下となります。

種類	決済方法と特徴	手数料
銀行口座	●口座から口座への振込み ●取引の記録を銀行が管理	●銀行に決済手数料を支払う
クレジットカード	●端末での読取りおよびサインによる決済 ●利用枠の範囲内の後払方式	●コンビニなど導入店舗がカード会社に決済手数料を支払う
電子マネー	●カードの端末タッチによる決済 ●チャージと呼ばれる前払方式	●コンビニなど導入店舗が発行業者に決済手数料を支払う

銀行口座，クレジットカード，電子マネーは便利！

■銀行口座があれば ➡ 決済に現金を運ばなくて済む

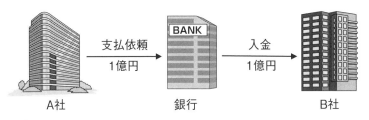

A社　　　　　　　　銀行　　　　　　　　B社

 日本最初の銀行は，第一国立銀行（現みずほ銀行）で，
開業は1873年

■クレジットカード・電子マネーがあれば ➡
　お金をおろさなくて済む・待ち時間を削減できる　等

手許現金がなくても，
買い物ができる

切符を買わずに
電車に乗れる

 日本最初のクレジットカードは，1963年に日本ダイナースク
ラブから発行された。代表的な電子マネーである「Suica」は
2001年から導入された。

厳密には貨幣ではないけれど
同じような機能を持つものが
出てきたんだな！

2-5 ビットコインの登場

サトシ・ナカモトとビットコイン

　最初の暗号資産であるビットコインは2008年10月31日に「**サトシ・ナカモト**」を名乗る人物により書かれた「ビットコイン: A Peer-to-Peer Electronic Cash System（ビットコイン：Ｐ２Ｐ電子マネーシステム）」という論文から生まれました。サイファーパンクという暗号技術を利用して社会や政治を変化させる考えを持った人たちのコミュニティにサトシ・ナカモトは参加していました。サイファーパンクで議論された暗号を利用した通貨のアイデアの１つとしてサトシ・ナカモトはこの論文を書いたと考えられます。

　ビットコインは複数の参加者がブロックとよばれるデータの生成・記録に参加する「**ブロックチェーン**」というしくみを特徴としています。

　2009年１月３日，ビットコインの最初のブロックが生まれました。サトシ・ナカモトが論文を発表してわずか２か月でした。

　2010年５月22日，ピザ２枚と10,000BTCの交換が行われ，これがリアル商品とビットコインとの最初の決済となりました。それは１つの論文から誕生した暗号資産であるビットコインが，「交換機能」をもつ支払手段として使用された最初の瞬間でもあったのです。

 Check!　ビットコインの単位 と サトシ・ナカモト

　ビットコインの単位はBTCと呼ばれます。円やドルと違い，データなので分割でき，「1satoshi＝0.00000001BTC」という最小単位に，サトシ・ナカモトの名前が残っています。ただし，サトシ・ナカモトの正体は未だ分かっていません。

ビットコインの登場

■サトシ・ナカモト論文

2008年10月31日，サトシ・ナカモトの論文が発表された。

■ビットコイン誕生

2009年1月3日，ビットコインの最初のブロックが生まれた。

■ビットコインの利用

2010年5月22日に，ビットコインは初めて通貨として使用された。

2-6 貨幣の３機能から見た暗号資産

貨幣としての暗号資産の機能は優れているのか

　貨幣は交換，価値尺度，価値貯蔵という３つの機能を持つことで広く受け入れられてきました。暗号資産はこの点，どうでしょうか。

　暗号資産はモノやサービスの対価となる財産的価値という定義をされており，**交換機能**を持った支払手段といえます。では，交換機能が優れているかというと，決済を行うためには送り手と受け手の双方が暗号資産のアドレスを保有するなどの前提が必要です。日本の現在の状況では，紙幣や銀行口座，クレジットカードや電子マネーと比較して交換機能が特に優れているとはいえません。

　貨幣の**価値尺度**としての機能はどうでしょう。こちらも紙幣に代表される法定通貨に軍配が上がります。価格が乱高下するためにモノやサービスを暗号資産建てで価格づけすることは難しそうです。暗号資産の使用にあたっては，法定通貨建てに換算することで間接的に価値尺度としての機能を果たしています。

　価値貯蔵としての機能はどうでしょうか。貨幣も暗号資産もいずれも貯蔵機能はありますが，元の価値がどれだけ保たれるかというのは，その安定性に因ります。暗号資産はボラティリティが大きいといわれますが（§6-6），貨幣の場合もハイパーインフレの国（例：ジンバブエやベネズエラ，**§4コラム**）で価値が大きく下がる場合があります。したがって，いずれが優れているともいいきれません。

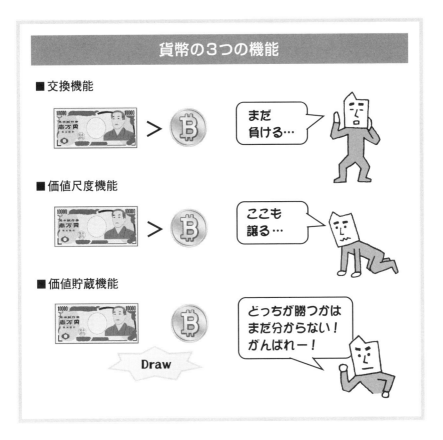

 Check!　ビットコインを誤って捨てた男

　暗号資産の秘密鍵を紛失してしまうと, 復元できません (§3-4)。その大事な秘密鍵を記録したハードディスクを誤って捨ててしまった人がいます。それは2013年のこと, ジェームズ・ハウエルズという人物で, その額7,500ビットコインです (2023年1月時点で200億円以上)。

　悔やんでも悔やみきれない金額ですね。

2-7 暗号資産は革命的なのか

暗号資産の広がる理由〜貨幣としての信用

　貨幣の3機能において紙幣やクレジットカード，電子マネーと比較して必ずしも優れていない暗号資産（§2-6）が，どうして注目されるのでしょうか。暗号資産は物質としての実体がありません。取引が記録されているだけのデータが，なぜ貨幣の役割を果たすのでしょうか。

　紙幣の信用の源泉が中央銀行であったように，従来は発行元の権威により貨幣に信用付けをしていました。

　これに対し，暗号資産においては，信用を付与しているのは秘密鍵，公開鍵，ハッシュ関数といった暗号技術，それらを含むブロックチェーンというしくみ（§4）です。このような技術により，権威に頼らずとも「取引記録そのもの」が信用を勝ち得ていることが革命的と考えられているのです。

 Check!　トラストレスって何？

　暗号資産について，トラストレスという言葉を目にします。

　「トラスト＝信用」が「レス＝ない」では信用がないという意味に聞こえます。でも，根っこは同じです。

　トラストレスとは，取引を管理する人，取引に参加する人への信用が不要ということです。

　従来と違い，なぜ人への信用が不要なのか。それは，取引記録そのものが信用できるからなのです。

革命的ってなんだ

■通貨の信用

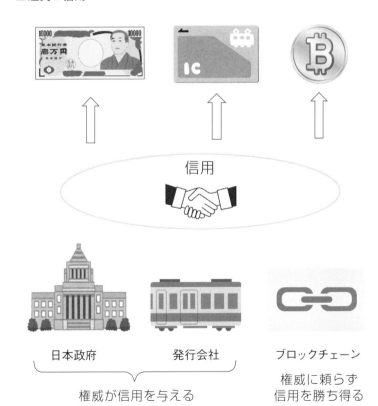

2-8 暗号資産の広がり～転々流通性

今までの貨幣との違いは？

　暗号資産にあり，今までの貨幣にない大きな性質は，**転々流通性**です。電子マネーが専用端末を保有する業者への支払いしかできないのに対し，暗号資産はインターネットにつながるPCやスマホなどの電子機器があれば，誰であっても個人から個人へ送金を行うことができるのです。

　転々流転性は暗号資産に以下の性質をもたらしています。

　まず，交換機能を高めます。紙幣では物理的に運ぶ必要があります。銀行間送金では送り手側口座から，受け手側の口座への送金には銀行の介入が必要です。これに対し，アドレスさえ分かれば，メールを送る感覚で当事者間で暗号資産の送付が完結するのです。

　ただし，ネット上の情報は常にデータをコピー，改ざんされるおそれがあります。転々流通性があって便利だとしても所有者，所有数量の情報がコピー，更新されては貨幣としての機能を果たせません。

　この点，暗号資産は暗号技術，ブロックチェーンのしくみによってコピー，改ざんのリスクを解決しているのです。暗号資産は金属や紙幣というモノを介さずにすべてがネット上で完結し，暗号資産を誰が幾らもっているか，誰から誰に移転したのかというデータ情報の共有が達成され，情報化社会に適合した貨幣といえるのです。

　この性質は情報化，国際化が進む現代において，暗号資産に今までの貨幣を超える利便性を生み出しているのです。

暗号資産の広がり～国を超えて

2-9

暗号資産の広がる理由～国家の後ろ盾がない

現代では通貨を発行するのは主に国家により設立された中央銀行です。

国は経済を運営するために通貨を発行する必要があり，また偽造防止の技術，貨幣の供給量などを管理できる能力をもつため，法定通貨に信用を与えています。

これに対し，暗号資産の発行量のルールはプログラムにより規定されているのみです。§1-1で述べたように「**国家の後ろ盾がない**」のです。

国家の後ろ盾がないと通貨は広がらないのでしょうか。答えはノーです。

国家の後ろ盾がなく，ブロックチェーンというしくみだけで信用が付与されている点がむしろ暗号資産が広く受け入れられている理由なのです。

たとえば，発展途上国では自国通貨を信用できず，また外貨も規制されていることから葉巻など物々交換に近い物的貨幣が使用される場合もあります。また，国家権力が強く，何かあれば個人の財産を没収するような国もあります。

暗号資産はこのような国の通貨に比較して価値貯蔵手段としての機能が優れ，かつ海外へ制約なしに持ち運びできます。そのため「**発展途上国や国家権力が強すぎる一部の国においては法定通貨より暗号資産の方を信頼する人が増えている**」という現象が起こっているのです。

 Check!　ビットコインが法定通貨に!?

　中央アメリカ中部に位置する国, エルサルバドルでは2021年6月に
ナジブ・ブケレ大統領がビットコインを法定通貨とすることを表明し,
2021年9月から法定通貨として採用されました。

　エルサルバドルは外国への出稼ぎが多い国としても知られており,
ビットコインを送金の手段として利用することで銀行を用いた送金よ
りも早く・手数料も安くなることが見込まれます。

　しかし2023年2月に公開されたIMF（国際通貨基金）のConclusion
Statementによると, 安定性・持続可能性・消費者保護等に対するリ
スクについて言及しており, 今後対処すべき課題がある状況です。

PoWとPoSの比較

　ビットコインで採用している合意形成アルゴリズムは「プルーフ・オブ・ワーク（PoW：Proof of Work）と言います（**§4-6**）。

　しかしこのPoWは非常に大きな計算力を持ったパソコンやサーバを利用する必要があるため，電力消費量が高い等のデメリットが問題視されてきました。

　そのような中，コインの保有量や年数に応じてブロック作成の権利を与える「プルーフ・オブ・ステーク（PoS：Proof of Stake）という合意形成アルゴリズムが登場しました。PoSではPoWのように膨大な計算をさせる必要がないため，電気消費量が非常に少ない等というメリットがある一方，コインをより多く持つ人の影響が強くなるため，中央集権的になるのではという懸念もあります。

	PoW	PoS系
メリット	・悪意のある攻撃に強い ・誰でも参加できる	・電力消費量が少ない・スケーラビリティが高い
デメリット	・電力消費量が高い ・スケーラビリティが低い	・中央集権となる可能性 ・流動性低下の懸念
ブロックチェーン	ビットコイン，ライトコイン，モナコイン，ドージコイン	イーサリアム，コスモス，リスク，テゾス，ポルカドット

§3

暗号資産を利用してみる

暗号資産を安全に利用するにはどうすれば良いかに触れながら，暗号資産の保有・トレード・送金・ショッピングなど，主な利用方法を紹介します。

鍵を流出したり，忘れると，暗号資産が利用できなくなるので，注意してね。セルフGOX事件続出中…

3－1 暗号資産の利用方法

保有・トレード・送金・ショッピング

　暗号資産の主な利用方法には，保有・トレード・送金・ショッピングがあります。

　保有：取引所や販売所で入手した，または暗号資産保有者から送金された暗号資産は，保有することで価値を貯蔵できます。

　トレード：取引所では暗号資産の売買注文の板情報に出ている取引価格と数量で売買ができます。取引所は国内外に多数あり，取り扱っている暗号資産の種類や取引手数料などに違いがあります。用途に応じて複数の取引所を使い分ける投資家もいます。

　送金：一般的に暗号資産は送金手数料の安さや送金の速さに優位性があるとされています（特に海外送金）。

　ショッピング：飲食やネット通販の決済・サービスの対価支払いなどにビットコインをはじめとした暗号資産が利用できるケースが急速に拡大しています。

🔑 Key Word　取引所と販売所

　取引所が取引に参加している顧客間で暗号資産を売買する場であるのに対し，販売所は取引所と顧客間で暗号資産を売買する場です。通常，取引所と販売所は兼業しています。これらのサービスメニューは隣接していることが多く，間違えやすいのでご注意ください。

価値の貯蔵手段として優位性を比較

■保有

価値の貯蔵手段（§2-1）として優れている
か否かは，金と比較して似た性質があれ
ば，期待できる。

現状では，価格の
乱高下の点でも
金に劣後するね。
今後に期待かな。

	匿名性	伝統	普及	中央銀行や政府からの独立性
金	○	◎	◎	◎
ビットコイン	○	×	×	○

■トレード

株式市場

東京証券取引所の立会時間は
次のとおり。
昼休みがあるし，夜もお休みだね。

前場　9:00～11:30
後場　12:30～15:00

暗号資産市場

24時間365日いつでもトレード
できるよ。ただし，取引所の
メンテナンス時間帯は
取引できないし，通信環境に
よっては，売買注文が
とおりにくいことも…

3-2 暗号資産を保有する

目的にあったウォレットを選ぶ

　暗号資産やトークン（§5-7）を保有するには，口座に相当する**ウォレット**が必要になります。ウォレットは，取引所に預けておく場合に使われることが多い**オンライン**方式，パソコンやスマートフォンにインストールする**ソフトウェア**方式，専用ハードウェアを購入し，そこに秘密鍵を保存する**ハードウェア**方式に分類できます。このほかにペーパーウォレットがありますが，オフライン保管という意味でセキュリティに強いものの，湿気や日焼けにより，文字が判読できなくなれば，暗号資産を引き出せなくなるおそれがあります。

　取引所に預けるオンライン方式は，トレードの即時性に長けていますが，取引所がハッキングされた場合に暗号資産を取引所から引き出せなくなるおそれがあります。

　ソフトウェア方式は，安価に中長期で保有したい場合に向いています。ただし，ウォレットがインストールされているパソコンやスマートフォンのウイルス感染や故障に備える必要があります。

　ハードウェア方式とは，秘密鍵（§3-3，§4-3）を専用ハードウェアを用いて生成するものです。ハードウェアがなければ暗号資産を送金できずセキュリティに優れています。

　ウォレットごとに保有できる暗号資産やトークンの種類や対応しているOSや利便性に関する機能が異なっています。また，店頭決済機能を有するウォレット（§3-7）もあります。ウォレットは種類が豊富なため，保有目的にあったウォレット選びが必要になります。

いろいろなウォレット

■オンライン方式

主に取引所にブラウザを用いてアクセスすることで利用するウォレット。
利便性は高いが秘密鍵の管理が他人任せになり，ハッキングされると引き出せなくなるかもしれない。

■ソフトウェア方式

自分のパソコンやスマホにインストールするタイプのウォレット。秘密鍵の管理は自己責任。
中長期保有に向いている。

金額などを
QRコードに変換して，
送金（§3-6）や
ショッピング（§3-7）
に使うよ。

■ハードウェア方式

有償の専用ハードウェアをパソコンのUSBポートに挿して利用するタイプのウォレット。ハードウェア内に秘密鍵が格納されている。セキュリティに優れているので，長期保有や高額保有に向いている。

3-3 安全に保有するための チェックリスト

自分で身を守る知識が必要！

　日本の金融機関は，通常，預金保険に加入しており，銀行等が破綻しても1,000万円までは保護されます。一方，暗号資産はこうした守ってくれる機関や制度がありません。さらに，暗号資産はウォレットの些細な操作ミスで紛失するリスクがあります。そのため，暗号資産を保有するにあたっては自己責任のもと，セキュリティ意識をもって管理しなければなりません。右ページに暗号資産を安全に保有するためのチェック項目をまとめましたので，安全管理にお役立てください。

暗号資産の紛失原因例

- ■ ウォレットに不正ログインされ，第三者に勝手に送金された。
- ■ ウォレットが壊れ，ウォレットを復元できなくなった。
- ■ 秘密鍵を紛失あるいは漏えいした。
- ■ 送金用アドレスを間違えて送金した。

 Key Word　銀行口座の暗証番号に相当する秘密鍵

　ウォレットには，送金する際に必要となる秘密鍵が用意されます。銀行口座の場合は暗証番号を忘れたとしても，口座と本人を紐づけて銀行が管理しているため，暗証番号の再発行が可能です。しかし，秘密鍵の管理は取引所あるいは本人に委ねられています。秘密鍵を紛失した場合，復元QRコード等がない限り，復元することはできません。

安全保有チェックリスト

暗号資産を安全に保有するために，以下のチェックリストを活用しよう！

☐	取引所のパスワードは他で利用しているパスワードと兼用しない。
☐	取引所において二段階認証パスワードを設定している。
☐	暗号資産の出金など，重要性の高い操作が発生するときは，よく利用するメールアドレス宛にアラートメールが送信されるように設定する。
☐	二段階認証パスワード表示アプリをインストールしているスマートフォンが壊れても，バックアップできる体制をとっている（たとえばリストア用QRコードを印刷している。複数のスマートフォンにインストールしている，など）。
☐	初めて送金するアドレスに対しては，少額の暗号資産で試して，正しく送金できたことを確認してから，本番の送金を行うようにする。
☐	長期保有する場合，セキュリティーに信頼のおけるソフトウェア方式かハードウェア方式のウォレットに取引所から暗号資産を移動させる。
☐	ウォレットの秘密鍵を生成するときはオフラインで行う。
☐	秘密鍵の紛失に備え，安全な場所・方法で保存する（例1：紙に印刷する。例2：USBメモリーに保存する。例3：復元QRコードを生成する。）
☐	秘密鍵をネットにつないたパソコンに保存しない（スマートフォンにも保存しない）。
☐	秘密鍵を撮影した画像や復元QRコード画像をネットにつないだパソコンに保存しない（スマートフォンにも保存しない）。
☐	暗号資産を引き出す手段を定期的に確認する。具体的にはウォレットの動作確認，ログイン時および二段階認証時のパスワード確認など。

番外編として不測の事態に備えて，愛する人に「秘密鍵の隠し場所」と「暗号資産に詳しくて信用できる人の名前」を伝えておく！

3-4 暗号資産トレード

億り人 …… うらやましすぎる。

　暗号資産トレードを行う準備作業は，①取引所に登録する（アカウントの登録，本人確認，二段階認証設定等），②取引所に資金を入金する（銀行振り込み，コンビニ入金等），となります。通常，本人確認や入金確認に時間を要しますので，準備作業を始めても，すぐにはトレードできません。

　暗号資産トレードは，取引所の売買取引板にすでに存在する注文の価格を指定する方法（Taker）と，売買取引板に新たに注文を載せて成約するのを待つ方法（Maker）があります。また，手持ちの資金以上の売買を行う信用取引やFXに対応する取引所もあります。たとえば信用の売り取引は，取引所に預けた金額にレバレッジを乗じた暗号資産を借りて売り，後で買い戻し，差額を決済するしくみです。

　取引所にはチャット機能が付随するものが多く，チャットをしながらトレードすることが可能です。ただし，チャットの中身は玉石混交で，風説の流布やポジショントークに注意が必要です。

 Check! 取引所の手数料は決定要因が複雑！

取引所の手数料は取引内容により，異なります。
1） MakerとTaker
2） 現物取引と信用取引とFXと先物取引
3） 取引所トレードと販売所売買
4） 暗号資産の種類
5） キャンペーン等のイベントの有無

現物取引と信用取引の比較

■現物取引

| 暗号資産取引所に
入金した範囲内 | 取引手数料は暗号資産取引所によって異なるが, 安価に設定されていることが多い。 |

■信用取引

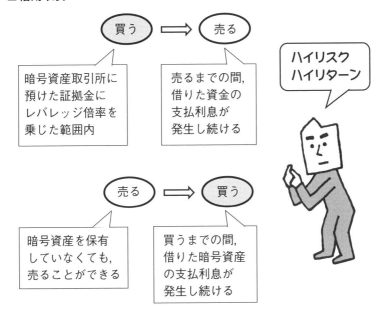

証拠金に対し, 一定割合の含み損が発生すると, 証拠金を追加で預けるよう, 暗号資産取引所から請求される (追証という)。追証を払うと, 引き続き取引を継続できるが, 期限までに払わなかったり, さらに含み損が一定割合を超えると, 強制的に決済される (強制ロスカットという)。

3-5 価格変動要因

安心材料と不安材料をトレードに活かせ！

　暗号資産の価格上昇要因は暗号資産を利用するうえでの安心材料，下落要因は不安材料といえます。右ページに主な要因をあげましたが，上昇要因と逆の事象が発生すれば下落要因となります。また，規制強化は短期では下落要因ですが，適切な規制が暗号資産市場の健全な発展に寄与すると捉えれば長期では上昇要因となります。ただし，暗号資産市場は流動性が欠如しがちで，大口投資家（通称，クジラ）による価格操作がされやすい状況にあります。暗号資産市場の規模は株やFXと比べてはるかに小さいことから，取引所における少数の大口投資家が取引出来高全体の大部分を構成している可能性があります。

　さらに，暗号資産市場には，**サーキットブレーカー制度**が義務づけられていないことや，システムの未整備（例，意図をもった価格変動で市場がゆがめられた際に取引中止を発動するアルゴリズム。証券会社のシステムには導入されている）が，価格操作のリスクを高めています。

🔑 Key Word　サーキットブレーカー制度

　暴落時に投資家に冷静になってもらう目的で値動きが一定の幅になったら取引を強制的に一定時間止める制度です。
　日本では東京証券取引所と大阪証券取引所の株取引の先物とオプションに導入されています。最近，暗号資産取引所が自主的にビットコインの先物取引に導入するケースが増えてきました。

短期的な暗号資産の価格変動要因の例示

■上昇要因

事象	概　要
規制緩和	政府や規制監督機関が暗号資産やICOに対する規制を緩和することで，暗号資産の普及が促進される期待が高まる。たとえば，暗号資産の上場投資信託（ETF）が認可されれば上昇要因になり得る。
新機能付与	暗号資産の開発チームが暗号資産に新機能を付与することで，暗号資産の利用が促進される期待が高まる。また，開発プロジェクトの継続的な努力が評価される側面を持つ。
新規コインの取扱い	大手の暗号資産取引所が，新たな暗号資産の取扱いを開始すると，投機需要が高まると期待される。
金融不安	政府による管理外通貨である暗号資産の需要増が期待される。実際に発生した事象では，インドにおける高額紙幣廃止やギリシャの取付け騒ぎ等が相当する。
地政学的リスク	金融不安と同じ理由で暗号資産の需要増が期待される。たとえば，北朝鮮のミサイル打ち上げ等があげられる。

■下落要因

事象	概　要
開発者とマイナーの対立	暗号資産の開発者による開発方針がマイナーの利益を損なう場合，開発者による暗号資産の新機能付与をマイナーが阻止することがある。この場合，暗号資産に対する失望売りが生じる可能性がある。
ハッキング	暗号資産取引所がハッキングされれば，暗号資産の信頼性に疑義が生じる。
新暗号資産の誕生	既存の暗号資産の課題を解決したしくみをもつ新暗号資産が誕生することで，既存暗号資産の需要が減少する懸念が生じる。

3-6 暗号資産を送金する

暗号資産アドレス・金額・手数料の指さし確認を！

　暗号資産を送金する際は，ウォレットにて，送金先の**暗号資産アドレス**と暗号資産の**送金額**を入力し，**送金手数料**の表示を確認して行います。通常，送金の取消しができないことから，入力を間違えて送金すると，暗号資産を失うことになりかねません。

　多くのウォレットで送金手数料が自動で設定されますが，ビットコインの場合，送金手数料を高く設定された送金からブロックチェーンに取り込まれ，処理されます。このため，暗号資産の価格乱高下時など，送金需要が高い際は送金手数料も高くなります。たとえば，ビットコインの場合，1回の送金手数料が2015年以前は10円未満でしたが，2017年には数千円となったときがありました。

　ビットコインには1秒間に7取引程度をブロックチェーンに含められる処理能力がありますが，これを超える取引数があれば，送金手数料のオークション状態になり，いっそう高騰します。

　このような暗号資産処理能力にともなう諸問題は，「**暗号資産におけるスケーラビリティ問題**」として認知されています。

 Key Word　暗号資産におけるスケーラビリティ問題
　暗号資産のブロックチェーンの処理能力を暗号資産の送金需要が上回ることにより生じる問題のこと。たとえば，ビットコインでは取引の遅延や送金手数料の増加などが現象として表れていますが，最悪のケースでは，ブロックチェーン内の取引が停止するといわれています。

暗号資産の送金方法

■暗号資産を送金する側の画面

　暗号資産を送金するには，ウォレット上で，送金先アドレスと送金額を入力し，送金実行ボタンを押下する。送金先アドレスは1桁でも間違えると送金できない。受け取り側からQRコード（§3-7）を受領し，そのQRコードを送金者が読み取ることで，送金先アドレスや送金額の入力に替える，という機能を有するウォレットもある。

送金側

慎重に入力！

```
表示機能
    保有ビットコイン量    ＊＊.＊＊BTC
    日本円（参考値）      ＊＊＊＊＊＊円

送金入力
    送金先ラベル（任意）  ［スッキリ丸］
    送金先アドレス        ［XXXXXXXXXXXXXXXXX］
    送金額                ［＊.＊＊BTC］
    送金手数料            0.0005BTC
    送金ステータス        1/3承認済

    ［QRコード読取］            ［送金実行］
```

■暗号資産の受け取り側のQRコード生成画面

QRコードを生成する場合は受け取り側も慎重に入力！

```
入金
    入金アドレス    ［XXXXXXXXXXXXXXX］
    入金額          ［＊.＊＊BTC］
    QRコード
                    ［QRコード生成］
```

受け取り側

3-7 暗号資産ショッピング

えっ！ これも暗号資産で買えるんだ!!

　一部の暗号資産取引所では店舗向けに暗号資産による決済サービスを展開しています。通常，暗号資産による決済サービスはオンラインショッピングだけではなく，実店舗にも対応しています。

　対応可能なオンラインショッピングでは，一般的な決済に加えて，暗号資産による決済が選択できるようになっています。暗号資産による決済を選択すると，商品代相当の暗号資産額が提携する取引所のウォレットから引き落とされます。

　実店舗の決済では，まず，代金と送金先アドレスの情報が**QRコード**に変換され，客に提示されます。客は自身のスマートフォンなどから暗号資産取引所のウォレットアプリを起動し，提示されたQRコードを読み込んで，要求された暗号資産額と日本円換算額を確認のうえ送金ボタンを押せば，決済が完了します。

　いずれの決済方法も一定時間，暗号資産の価格を固定して行われます。価格固定中に暗号資産相場が上昇すると客には不利益となりますが，下落したときの店舗の不利益は多くの暗号資産取引所で負担しています。

🔑 Key Word　QRコード＊

　バーコードは横方向にしか情報を持てないのに対し，QRコードは縦横の２次元に情報を持つため，格納できる情報量が多い。

＊デンソーウェーブ社 - 登録商標第4075066号

暗号資産によるショッピング方法

■暗号資産対応例

名称	サービス概要	暗号資産利用形態
ビックカメラ	家電量販店。取扱商品はカメラ・家電・パソコン・酒類・ゴルフクラブ・寝具・高級ブランド品・自転車・玩具など	一会計につき，上限30万円までビットコイン決済が全店で可。ただし，ネットショップでは上限10万円
H.I.S.	海外旅行および国内旅行の企画・販売・手配を行う総合旅行会社	首都圏内の33店舗でビットコイン決済に対応

■暗号資産対応予定例

名称	サービス概要	暗号資産決済導入目的
メルカリ	オンライン上にてフリーマーケットのように，物品の売買を行うアプリを提供	メルカリにおける売上金のビットコイン受取に加えてメルコイン・メルペイと合わせて決済，送金，与信，資産運用等の金融サービスの提供を予定

※2023年6月現在の事例です。

大量の少額決済が可能になる!?

　ビットコインは，システム上の理由から，1秒間に7取引までしか処理できないといわれています。これでは1秒間当たり数万件の処理能力が要求されるクレジットカード決済のような業務には対応できません。

　また，ビットコインの価格が高騰した現在では，送金手数料が高くなり，少額決済に不向きといわざるを得ません。ビットコインのネットワークが混雑すると，平常時よりも高い送金手数料が必要となる点も利用者にとってマイナスです。

> 急激な混雑時にウォレットの送金手数料変更が追いつかず，送金に何時間も待たされることもあるんだ。送金が不便で仕方ない!!

　そこで，大量の少額決済を高速に処理する技術として，ビットコインではライトニングネットワーク，イーサリアムではライデンネットワークと呼ばれる技術が開発されています。これらの技術は毎秒百万件の処理を可能とし，取引手数料を低額（現行の100万分の1）にできるといわれています。

　大量の少額決済が可能となれば，従来にはない全く新しいビジネスモデルの誕生が期待されます。たとえば，暗号資産トレードの分散処理化，大量の電子機器の使用に応じてそれぞれ課金するIoT分野の決済サービス，SNSなどで質問した場合に回答者に謝礼するなどのネットサービス，などが考えられます。

§4

ブロックチェーンの
しくみ

暗号資産は「ブロックチェーン」という基盤の上で動いています。最近よく耳にするようになったこの「ブロックチェーン」とは，いったいどのようなものなのでしょうか？

§4では，ブロックチェーンそのものの特徴と，使われている技術について，簡単に説明します。

「ブロックチェーン」？
聞いたことはあるけど，
一体なんのこと？？？

暗号資産のデータは安全に管理されているの？

4－1

取引データの改ざんやなりすましの心配はないのか

　暗号資産の取引データは，どこに格納されているのでしょうか？

　従来の通貨の場合，銀行が預金残高や決済を管理しており，その取引データは各入力端末ではなくサーバー等で集中管理する形式となっていることが一般的です。

　一方，暗号資産ではこのような取引データを格納するためのサーバーは存在しません。その代わり**ブロックチェーン技術**を利用し，**ブロックチェーン・ネットワーク**と言われる環境に参加する各端末（ノード）に取引データを分散して持たせる構成としています。

　ノードには，過去に発生したすべての取引データが格納されています。新たに取引データが確定する都度，すべてのノードにその取引データがコピーされるため，常に同じ取引データを全ノードで保持し合うこととなります。こうしたことを中央の管理者が存在しないなかでできるようになっているのが，ブロックチェーンの特徴の1つです。

　では，管理者がいなくても，不特定多数の参加者がデータを保持し合うことにリスクはないのでしょうか？　たとえば，悪意をもった者がネットワークに参加し，データを改ざんするとか，他人になりすまして資産を奪ってしまうようなリスクはないのでしょうか？

　こうした不安を解消するため，暗号資産取引の基盤となるブロックチェーンのしくみをみていきます。

一般的なシステムとブロックチェーンの比較

■従来の通貨の取引データの格納方法

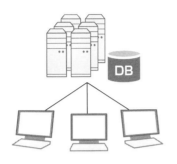

① 中央のサーバーにてデータを一元管理する，いわゆる，中央集権型のシステム構成
② サーバーに対する不正を発生させないよう，システム運用管理者やデータセンターの設備管理者等が，システムを厳重管理することが重要

■暗号資産で利用されるブロックチェーンのシステム構成

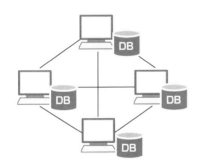

① 中央にサーバー等が存在せず，ブロックチェーンに参加する各ノードが同じデータを保持する，P2P（Peer to Peer）ネットワーク（§4-7）のシステム構成
② システム運用管理者等を設けない形で運営

管理者がいないのであれば，他人になりすましたり，データを改ざんしたり，やり放題かも！

4-2 ブロックチェーンのしくみは？

代表的暗号資産・ビットコインにおける取引の流れ

　ここからは，代表的な暗号資産であるビットコインの取引の大まかな流れを見ていきます。

　まず，ビットコインを送金したい人が，ブロックチェーン・ネットワークに取引データを送信します。ブロックチェーン・ネットワークに送信された取引データは，発生した他の取引データとともに**一定間隔で一定量のデータのかたまり（ブロック）にまとめられ，ブロックチェーン・ネットワークに配信**されます。

　配信されたブロックは，ネットワークの参加者全員により検証され，正しければ**承認**されます。その後，正しいと認められたブロックをネットワーク参加者全員で**持ち合う**ことになります。

　以上のように，暗号資産の取引が確定する手続として，送金したい人から送信された取引データをネットワーク参加者が「まとめ」たうえで「配信」し，参加者全員で「承認」し「持ち合う」，という流れとなります。こうした作業を可能としているのが，ブロックチェーン技術となります。

　さて，ここで皆さんもいくつかの疑問が出てきたのではないでしょうか？

- 取引データをまとめる「一定間隔」や「一定量」とは？
- データをまとめる作業は誰がやっているのか？
- ブロックチェーン・ネットワークの「参加者」は誰のことか？

　こうした不明点の解明を含め，次ページ以降でブロックチェーンのしくみを見ていきます。

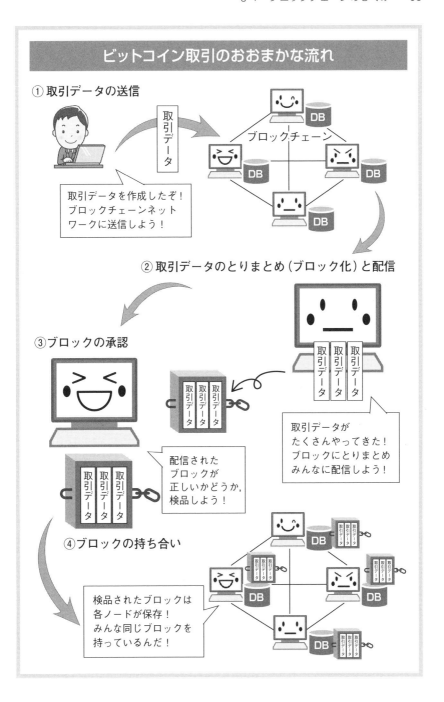

この暗号資産は誰のもの？

4-3

暗号資産の持ち主を明確にする「アドレス」と「電子署名」

　ビットコインでは，取引を行うにあたり**アドレス**というものが付与されます。これは，いわゆる口座番号のようなもので，送信先を特定するために使われます。アドレスには次のような**ペア鍵**が紐づいています。

　公開鍵：一般に公開される鍵

　秘密鍵：本人のみが利用できる鍵

　公開鍵と秘密鍵は一対一の関係であり，ある公開鍵で暗号化したデータはペアとなる秘密鍵でのみ復号可能であり，逆に秘密鍵による暗号データはペアの公開鍵でのみ復号できるしくみとなっています。これが「公開鍵暗号方式」といわれる暗号技術の特徴です。たとえば，スッキリ丸が ざっくり君にメール送信する場合，スッキリ丸（送信者）は，ざっくり君（受信者）の公開鍵で暗号化した本文を送信すれば，その秘密鍵を持つざっくり君自身にしか復号できないため，他人に閲覧される心配がありません。

　暗号資産では「なりすまし」といった問題を解決する必要があります。ビットコインではペア鍵を活用することで，この問題を解決しています。具体的には，まずスッキリ丸（送信者）がスッキリ丸自身の秘密鍵で暗号化したデータを送信します。受信したざっくり君は，そのデータをスッキリ丸の公開鍵で復号できたとします。スッキリ丸の公開鍵で復号できるということは，暗号化した者はスッキリ丸の秘密鍵を持つ者，つまりスッキリ丸本人であることの証明となります。こうした手法を「電子署名」といい，多くの暗号資産で利用されています。

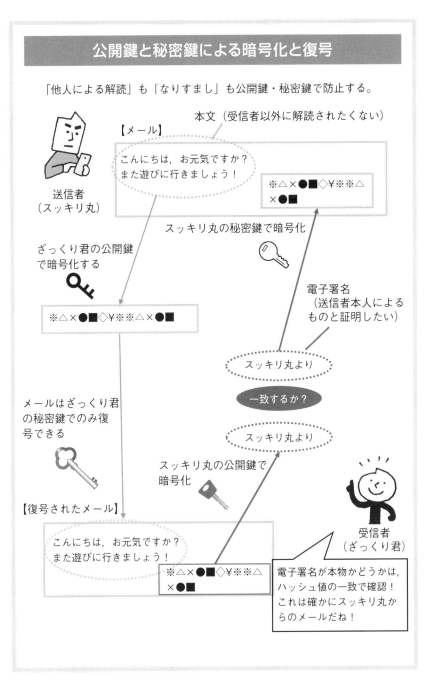

公開鍵と秘密鍵による暗号化と復号

「他人による解読」も「なりすまし」も公開鍵・秘密鍵で防止する。

本文（受信者以外に解読されたくない）

【メール】

送信者
（スッキリ丸）

こんにちは，お元気ですか？
また遊びに行きましょう！

※△×●■◇￥※※△
×●■

スッキリ丸の秘密鍵で暗号化

ざっくり君の公開鍵
で暗号化する

※△×●■◇￥※※△×●■

電子署名
（送信者本人による
ものと証明したい）

スッキリ丸より

一致するか？

スッキリ丸より

メールはざっくり君
の秘密鍵でのみ復
号できる

スッキリ丸の公開鍵で
暗号化

【復号されたメール】

こんにちは，お元気ですか？
また遊びに行きましょう！

※△×●■◇￥※※△
×●■

受信者
（ざっくり君）

電子署名が本物かどうかは，
ハッシュ値の一致で確認！
これは確かにスッキリ丸か
らのメールだね！

4-4 暗号資産取引は，誰により，どのように承認されるの？

ビットコインにおける承認プロセス

　暗号資産取引には，銀行のような中央管理者が基本的に存在しません。そうしたなかで取引の正当性は，誰により，どのようにして承認されるのでしょうか？　ビットコインを例に承認プロセスを見ていきましょう。

　ブロックチェーン・ネットワークに送信された取引データは，まず，各ノードにより，**署名の正しさや二重出金でないこと**等をチェックされたうえ，正しい取引データが**ブロック**としてまとめられます。この作業は約10分ごとに行われるようになっています。

　ブロックは複数のノードで作成されるため，唯一の継承ブロックを決めることが次のステップとなります。そのために参加するノード全員で計算競争を行い（§4-6），勝者となったノードが自身のまとめたブロックを他のノードに配信（ブロードキャスト）します。

　各ノードでは，競争の勝者から受け取ったブロックの計算結果を検証し，正しいと認められた場合はそのブロックを受け入れ，自身の台帳の最後にそのブロックを追加します。すべてのノードにブロックが受け入れられたら，ブロックの確定となります。

　このように，ノード全員で1つの正解を決めていくことにより，信頼できる第三者が存在しないなかで取引を確定させることが可能となります。

　これが，ビットコインにおけるブロックチェーンの承認プロセスの特徴となります。

ブロックチェーンにおける承認プロセス

① ブロック候補の作成

各ノードは，ブロックチェーン・ネットワークに送信された取引データの内容を検証し，「ブロック」にまとめる。

② 計算競争

全ノードで計算競争を行う。
正解を最速で求めたノードが勝者となり，ブロックの配信権を持つ。

③配信・検証・ブロックの確定

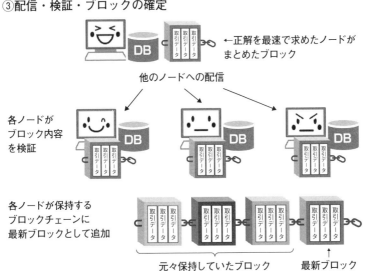

4-5 「ブロックチェーン」の名前の由来

データの改ざんを困難にさせる巧妙なしくみ

　次に，ブロックの中身について見ていきましょう。ブロックには，とりまとめられた取引データの他に「取引データのハッシュ値」「前のブロックのハッシュ値」等から成る「ブロックヘッダ」を保持しています。

　さて何度か登場した**ハッシュ値**とは，いったいどういうものでしょうか。これはハッシュ関数により算定される値であり，同じ入力値からは必ず同じ出力値になる一方，出力値から入力値を求めることが困難であるという，「一方向性」といった特徴があります。ブロックチェーンは，こうした特性を利用して，台帳に格納したデータの改ざんを困難なものにしています。

　ブロックヘッダには，ブロック内すべての取引データのハッシュ値と，そのブロックの直前のブロックのハッシュ値が含まれています。たとえば，ブロック内にある取引データが1文字でも変われば，ヘッダの取引データのハッシュ値は全く異なる数値となり，後続ブロックにある前のブロックのハッシュ値も変わることになります。ハッシュ関数は出力値から入力値を求めることが困難であるため，仮に不正にデータを改ざんしたとしても，改ざん結果をもとに取引データとブロックヘッダを整合させることは困難です。したがって，誰にも気づかれずにデータを改ざんすることは難しい環境であると言えるのです。

　なお，ブロックヘッダにより，前後のブロックがチェーンのように紐づけられることから，「ブロックチェーン」と呼ばれています。

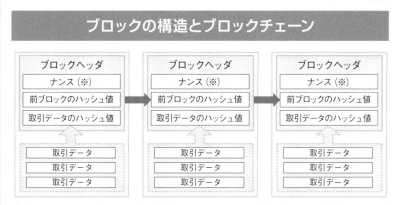

「ブロックヘッダ」には「取引データのハッシュ値」があり，取引データが改ざんされればこのハッシュ値との不整合が起こります。また，後続するブロックヘッダの「前ブロックのハッシュ値」とも不整合が起こることとなります。

不正を成功させるためには辻褄を合わせる必要がありますが，後続するブロックすべてのハッシュ値を書き換えるのには多大な労力がかかるため，不正を成し遂げるのは困難であると言われています。

※「ナンス」の説明については，§4-6を参照。

 Key Word　ハッシュ関数

　ハッシュ関数とは，入力値から，ランダムな固定長の値を返す演算方式であり，下記のような特徴が挙げられます。

- 任意のサイズの任意の文字列を入力として使える
- 決められたサイズの出力を生成する
- 効率的に計算できる
- 原文が1文字でも違えば全く異なるハッシュ値を返す

平文		暗号文
Blockchain	▶	D01740BEA3637E39A0F9902972820A1669246F873F27800DBEC3CFF1D055F946
BlockChain	▶	F645B1E152374D872229841EAA5D89D0BFEC144F511B58F70727E3972843BAEA

　ビットコインで利用している「SHA256」という関数は，いかなる長さの原文であっても256ビットのハッシュ値を返すようになっています。

4-6 合意形成アルゴリズムとは？

誰でも参加できる環境で承認を行う秘訣

　中央管理者が存在しない環境で取引を確定させるために，ビットコインでは**計算競争**による**合意形成**を行っています。具体的には，定められた「ターゲット値」を下回る「答え」を誰よりも早く算出し，多くの賛同者が得られたノードが勝者となり報酬を得るというルールで競争しています。

　実はブロックのヘッダには，先ほど説明した値以外に「ナンス」という枠があります。これは空箱のようなものであり，ここに様々な値を入れたうえ，それを含むブロックヘッダのハッシュ値を求めます。これが「答え」となるのですが，これはハッシュ値であるため，ターゲット値を下回るためのナンスは「答え」から逆算しても求められません。1つずつ試していく方法，いわゆる「総当たり法」しか解決方法はありません。これには膨大な計算処理と電力が必要になります。

　ビットコインは公に開かれており，誰でもノードとして参加することができます。仮に悪意のある者が参加し，不正データを投入できたとしても，全ノードが承認しなければその不正は成就しません。

　また，不正を成立させるためには，後続の全ブロックのハッシュ値を修正する必要があります。新しいブロックを確定するまでやりきるのは相当の労力を要します。他を圧倒する計算能力があればそれも容易になりますが，そうなれば一定程度の勝率が見込めるため，不正を働くよりも競争に素直に参加した方が経済的であると判断するノードが多くなると考えられています。

　こうした参加者の心理をうまくとらえて健全な競争環境を保つことが，不正を起こさせない要因であるとも言えます。

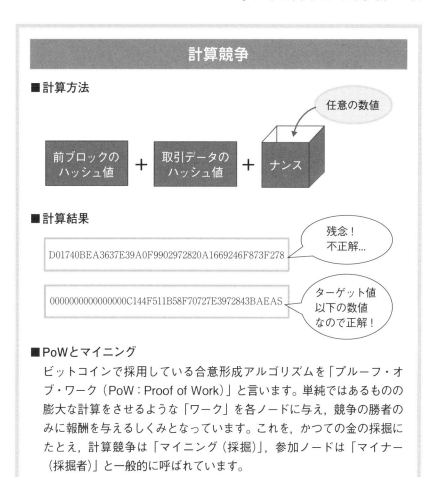

計算競争

■計算方法

前ブロックの
ハッシュ値　＋　取引データの
ハッシュ値　＋　ナンス

任意の数値

■計算結果

```
D01740BEA3637E39A0F9902972820A1669246F873F278
```

残念！
不正解...

```
0000000000000000C144F511B58F70727E3972843BAEAS
```

ターゲット値
以下の数値
なので正解！

■PoWとマイニング

ビットコインで採用している合意形成アルゴリズムを「プルーフ・オブ・ワーク（PoW：Proof of Work）」と言います。単純ではあるものの膨大な計算をさせるような「ワーク」を各ノードに与え，競争の勝者のみに報酬を与えるしくみとなっています。これを，かつての金の採掘にたとえ，計算競争は「マイニング（採掘）」，参加ノードは「マイナー（採掘者）」と一般的に呼ばれています。

 Check!　計算の難易度はどのように決められているの？

　ビットコインでは，約10分ごとに1ブロック生成される，と触れましたが，だいたいそのくらいの時間で生成されるような"難易度"が決められているのです。

　難易度は，2016ブロック生成されるごとに見直されるよう自動的に調整されており，実態として約2週間ごとに実施されています。

「分散型台帳」とは？

4 - 7

P2Pネットワークによる優位性を享受したシステム

　ブロックチェーンではP2Pネットワークを利用し，各ノードにて最初のブロックから最新のブロックまでの一連のブロックの束（＝台帳）を保持することになっています。すべてのノードに同じ台帳を分散して持たせることから，ブロックチェーンを含むこうしたしくみは「**分散型台帳**」と呼ばれています。特に誰でもノードに参加できる，パブリック型のブロックチェーンでは，主に下記のような特徴がそのメリットとして注目されています。

① 耐障害性

　一部のノードに障害が発生しても，他のノードが正常稼働していればブロックチェーン・ネットワーク自体は正常に稼働できます。

② 限定的な管理コスト

　「中央集権型」では，データを集中管理するシステムの堅牢性を堅持するため，膨大な管理コストがかかります。「分散型台帳」であるブロックチェーンシステムの場合，主なランニングコストは任意の管理者（各ノード）が負担するので，限定的です。

 Key Word　P2P（Peer to Peer）ネットワーク

　ネットワーク上で対等な関係にある端末間を相互に直接接続し，データを送受信する通信方式です。中央にデータを集中させず，同じデータを持ち合うことでデータの同期をとっているのが特徴です。

分散型台帳（パブリック型）のメリット

① 耐障害性

あるノードに障害が発生した
としても，他のノードが無事で
あれば，ブロックチェーン自体
に影響なし！
（単一障害点がない）

② 管理コストの低下

中央集権型システム	ブロックチェーンシステム

中央のシステムを堅牢な環
境で管理し手厚い運用体制
で不正を排除

↓

運用管理コストが膨大に！

ネットワークに参加している
ノードそれぞれが運用管理

↓

運用に係るコストは限定的
（中央集権型に比べ割安）

64

暗号資産と自国通貨，どっちが大事!?

　暗号資産は，価格がよく乱高下します。でも，暗号資産に限らず，国のお金も価値が変動します。日本にいるとわかりませんが，これは単に日本円の価値があまり変動しないだけです。夜寝ている間に，自分の持っているお金の価値が減ってしまうような国は沢山あります。

　お金の価値が減ってしまう現象は，インフレーション（以下，「インフレ」）と呼ばれています。経済成長を伴ったインフレは，景気を良くし，国を豊かにしますが，国の借金が膨らんだり，国の信用がなくなったために発生するインフレは，単にお金の価値だけが減少します。

　この現象は，2008年に起こったジンバブエの年数億％ともいわれるハイパーインフレで有名です。その後，ジンバブエは，複数外貨制（米ドル，南アフリカ・ランド）を導入し，ハイパーインフレの終息を図りました。

　一方でベネズエラは，2017年において2,000％（1年で10,000ボリバル（ベネズエラの通貨の単位）が，500ボリバルに目減りしてしまう）にせまるインフレ率となっています。自国のお金を持っておくだけで貧乏となるようなインフレのなか，ベネズエラの国民の中には，ビットコインで資産を守ろうとする人が急増しました。ビットコインが値上がりするからではなく，自国通貨が信用できないので，暗号資産を保有するのです。その結果，ベネズエラでは，食料や医療品といった日常品までビットコインでの購入，決済を行うようになりました。

　ちなみに，日本の借金は1,000兆円を超えており，国民GDPに占める総債務残高は断トツの世界1位です。日本でも，将来ハイパーインフレが発生し，暗号資産が，日本円にとって代わる日が訪れるのでしょうか。

§5

ブロックチェーン技術が
ビジネスにもたらす未来

ブロックチェーン技術は，強固なセキュリティ環境を低コストで提供できるといわれています。

セキュリティ環境の構築に多額の投資が不要となれば，従来とは異なるビジネスモデルが可能となるでしょう。

可能性は
無限大！

5-1 ブロックチェーンがもたらす変革

ブロックチェーンを用いたシステム開発

　ブロックチェーンはその利用が許可されている範囲によって，**パブリック型**，**コンソーシアム**（共同事業体）**型**，**プライベート型**に分類できます。パブリック型は不特定多数が利用する場合，コンソーシアム型は特定多数が利用する場合，プライベート型は特定者が単独で利用する場合となります。

　パブリック型の代表例である暗号資産では，送金情報に加えて，任意の情報を記録できます。このしくみはブロックチェーンの維持コストをかけずに耐改ざん性の強固な記録を行えるセキュリティインフラとして注目されています（**§5-3**）。

　コンソーシアム型は選別された参加者に限定公開することで，セキュリティと処理速度の向上が期待できます。コンソーシアム型による事業開発には，参加者間における投資負担の分担や事業リスクの回避，業界標準化の促進などのメリットもあります。現在，様々なコンソーシアムが企業の垣根を越えてシステム開発に取り組んでいます。

　プライベート型はアクセス権の管理が容易で，開発を小さく始められるため，その多くは実証実験に採用されています。

 Check! ブロックチェーンをシステムに組み込む理由

　データベースに強固なセキュリティ環境を低コストで与えるとともに分散型台帳として耐障害性に優れているためです。一般にパブリック型＞コンソーシアム型＞プライベート型の順に優れています。

コンソーシアム型で，どう変わる!?

■貿易金融にコンソーシアム型を適用した場合

貿易の代金決済には信用状の連携に時間を要するという課題がある。これをコンソーシアム型に適用すると，信用状が適時に関係者間に連携されるため，貿易業務の迅速化が期待できる。

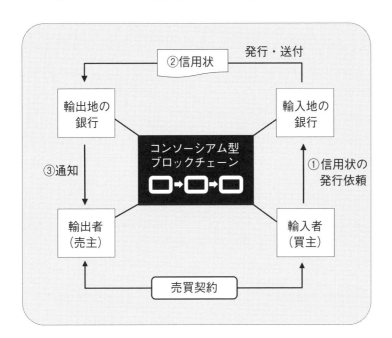

■貿易金融の流れ

輸出者・輸入者間で売買契約がなされると，次の流れで決済される。

① 輸入者が取引銀行に信用状の発行依頼をする。

② 輸入者の取引銀行が信用状を発行し，輸出者の取引銀行に送付する。

③ 輸出者の取引銀行が輸出者に通知する。

輸入者と輸出者はそれぞれの取引銀行と信用状をもとに代金決済する。

5-2 コンソーシアム型 ブロックチェーン

きっちり管理して安全安心を目指す!

　コンソーシアム型ブロックチェーンを使ったシステムは利用者が限定されるため，認証を含むアクセス権の管理が容易です。また，コンソーシアムに業界内の同業者が多数参加していれば，ここで共同開発したシステムが業界標準になると期待できます。そこで，コンソーシアムの多くは次の技術的特徴を有する**プラットフォーム（コンソーシアム型ブロックチェーンを含むインフラ）**を開発し，コンソーシアムの拡大を目指しています。

- アプリケーション層の開発者向けに**API**を提供する。
- ブロックチェーン技術はもとより，他のセキュリティ技術を組み合わせて，安全で低リスクの環境を提供する。
- パフォーマンス，スケーラビリティ，安定性を重視する。

　APIが提供されれば，アプリケーション層の開発者は，ブロックチェーン技術を適用した機能開発から行う必要はありません。これを利用し，すぐにアプリケーション開発に着手できます。これはシステム開発の技術的な敷居を下げ，参入推進の大きな要因となり，特に重要です。

 Key Word API

　Application Programming Interfaceの略称であり，あるシステムの機能や管理するデータなどを，外部の他のプログラムから呼び出して利用するための手順やデータ形式などを定めた規約のことです。
　APIを利用することで，開発コストおよび期間の削減，システム間の連携が期待できます。

コンソーシアム型ブロックチェーンの特徴

■コンソーシアムがシステムに求める一般的な要件

	要　件	
処理速度	大量の取引を高速処理する。	
利用者	攻撃される機会を軽減すべく，信頼できる者に限定する。	暗号資産のパブリック型ブロックチェーンでは実現できないことが多い
用途	複雑な処理を可能とするため，用途は多岐に渡る。	
秘匿性	情報漏えいを防止するため，取引内容を秘匿する。	
監査	情報の正しさを第三者が証明できる。	
改ざん耐性	記録内容の改ざんを防止する。	暗号資産のパブリック型ブロックチェーンが実現していることが多い
可用性	いつでも利用できる。	

コンソーシアム型ではパブリック型の課題の解決を目指しているんだね！

5-3 パブリック型ブロックチェーン

パブリック型ブロックチェーンを利用する!?

　この見開きではパブリック型ブロックチェーンを利用し，データの改ざんを検知するしくみをご紹介します。

　このしくみでは，まずごく少量の暗号資産の移動を故意に発生させて，その際に生じるブロックの空きスペースに，データから生成したハッシュ値を記録しておきます。悪意のある第三者にデータを改ざんされたおそれがある場合，パブリック型ブロックチェーンに記録しておいたハッシュ値と，改ざんのおそれがあるデータから生成したハッシュ値を比較します。もし不一致であれば，改ざんと判定されます。ブロックチェーンに記録しておいたハッシュ値自体を改ざんすることは限りなく不可能なため，データが改ざんされた場合はこのスキームにより必ず検知することができます。

　なお，ハッシュ値は誰でも閲覧できますが，ハッシュ値からデータを復元することはできず，データの漏えいのおそれはありません。最近では，暗号資産に懐疑的であった金融機関や大企業も，パブリック型の堅牢性に注目し，これを活用する実証実験が行われるようになりました。

 Check!　パブリック型の利用理由は？

　システムがパブリック型を利用する目的は，安価にセキュリティ環境を入手することです。また，利用するパブリック型の変更（たとえば，ビットコインからイーサリアムなどへの変更）を可能としておくことで，継続性のあるシステムの運用が期待できます。

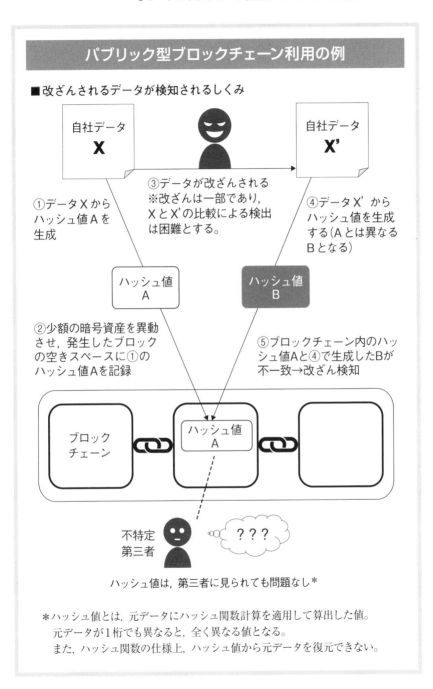

パブリック型ブロックチェーン利用の例

■改ざんされるデータが検知されるしくみ

自社データ
X

自社データ
X'

③データが改ざんされる
※改ざんは一部であり，
XとX'の比較による検出
は困難とする。

①データXから
ハッシュ値Aを
生成

④データX'から
ハッシュ値を生成
する（Aとは異なる
Bとなる）

ハッシュ値
A

ハッシュ値
B

②少額の暗号資産を異動
させ，発生したブロック
の空きスペースに①の
ハッシュ値Aを記録

⑤ブロックチェーン内のハッ
シュ値Aと④で生成したBが
不一致→改ざん検知

ブロック
チェーン

ハッシュ値
A

不特定
第三者

？？？

ハッシュ値は，第三者に見られても問題なし＊

＊ハッシュ値とは，元データにハッシュ関数計算を適用して算出した値。
　元データが1桁でも異なると，全く異なる値となる。
　また，ハッシュ関数の仕様上，ハッシュ値から元データを復元できない。

5-4 スマートコントラクト

いつでも好きなときに，瞬時に契約完了

　一般的なシステムでは，契約の相手が信用に足る相手なのか，契約の内容が詐欺に当たらないか，確実に契約が行われるか等について，人による判断を経てから，契約内容が実行されます。しかし，**スマートコントラクト**（契約の自動実行）と呼ばれるシステムは，事前に設定された条件が満たされると自律的に取引を実行します。この実行範囲は，通常，決済まで含まれます。一連のプロセスに人手が介在することはほとんどなく，改ざん耐性や過去取引履歴に透明性があるブロックチェーン技術が応用されています。

　スマートコントラクトは様々なビジネスに適用できると考えられますが，なかでも仲介業に向いているとされています。たとえば，ネットにおける個人間売買の仲介機能をスマートコントラクトにした場合を考えてみましょう。通常，仲介者は売主および買主の個人情報管理，売買情報の提供などを行い，売買金額から一定のマージンを得ています。この仲介部分をスマートコントラクトにすれば，仲介者へのマージン支払いが不要あるいは減額，売主および買主の個人情報漏えいリスクの軽減などが期待できます。

 Check!　スマートコントラクトのリスク

　プログラムが間違えていた場合に，その間違いを人が気づきにくく（人の介在範囲が小さいため），間違いに気づいても，プログラムの修正に時間がかかります（プログラムが自律的で分散されているため）。

スマートコントラクトの具体例

まだ実用化の域に達していないが，以下のような流れを想定した開発が進行している

■レンタカー契約の場合
店員を介さずにレンタルする

- レンタルしたい車を保管する駐車場に行く。
- スマートフォンから，レンタルしたい車に印字している車識別情報のQRコードを読み込む。
- 契約時間や保険のオプションを選択し，決済する。
- 契約内容はブロックチェーンに記録され，車のロックが解除される。

■スマート給油の場合
スマートコントラクト＋IoT（Internet of Thing）で給油がスマートになる

- ガソリンの減少を車が検知すると，車内のタッチパネル上に給油を促すマークを表示する。
- ドライバーが承認すると，ガソリンスタンドへナビを開始。
- ガソリンスタンドに到着すると，車識別情報をガソリンスタンドが認識。
- ドライバーが給油すると，決済が完了し，内容をブロックチェーンに記録。

KYCとは

5-5

ブロックチェーンで共有情報の信頼性を担保する

KYCとは Know Your Customer の略で，広義ではユーザーの認証をするためのプロセス，狭義では金融機関に新規口座を開設する際に金融機関が要求する本人認証手続のことをいいます。現状，KYCは運転免許証やパスポートを提示することで本人認証する，といった認証方法が行われています。

金融機関が不適切なKYCを行えば，反社会勢力によってマネーロンダリングに利用されるおそれがあるため，KYCは慎重に実施することが要求されます。また，KYCのデータは個人情報であるため，高度なセキュリティによるデータ管理が必要となります。一方，利用者視点に立てば，口座開設に時間を要しますし，金融機関ごとにKYCを求められることが負担となります。

そこで，コスト削減かつ品質向上を目指し，一度，本人認証ができれば，金融機関間で認証情報を共有するだけでKYCが可能となるシステムの開発が各国で進んでいます。このしくみが実現すれば，従来より本人認証の手間と時間を大きく軽減できることが期待されます。

 Check! KYCのブロックチェーンに保存される情報

金融機関間で共有するKYCのブロックチェーンに保存される情報は，個人情報から生成したハッシュ値と本人を示す公開鍵になります。ハッシュ値からは元のデータ（ここでは個人情報）を復元できない性質を利用して，情報漏えい対策としています。

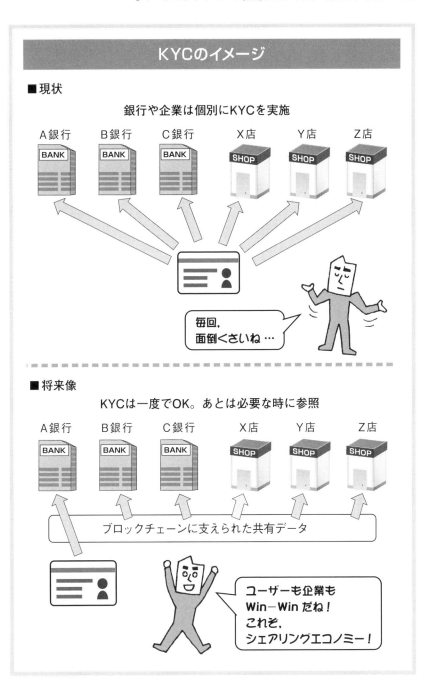

5-6 銀行発行コイン

伝統と格式と信用がある銀行が発行するコイン

　１円＝１コインなどのように法定通貨と直接連動した円等価コインを銀行が発行する動きがあります。円等価コインは資金決済法上の暗号資産から外れ，暗号資産と呼べないという意見もありますが，暗号資産と類似するためご紹介します。

　みずほフィナンシャルグループ，ゆうちょ銀行，数十の地銀が手を組み，Ｊコインという円等価コインを開発しています。Ｊコインは，暗号資産のように需給バランスによって価格変動せず，いつでも，銀行で１コインと１円を交換できるので，暗号資産よりも市場価値変動リスクを下げている点がメリットとなります。

　分散型の暗号資産には，長所とも短所ともなり得る管理者不在という特徴がありますが，Ｊコインは，銀行集団が管理者になりますので，暗号資産に懐疑的な一般の利用者にとって，安心して使える通貨といえます。また，Ｊコインは電子マネーとも似ていますが，個人間送金できる点が優れています。発行主体である銀行集団側にとっては，Ｊコイン利用者の買い物や送金の履歴を匿名データに加工したうえで，商品開発や価格戦略にいかすといったメリットがあります。

　また，三菱ＵＦＪ銀行が開発をすすめる円等価コインにＭＵＦＧコインがあります。すでに同行員向けに試験導入を行い，スマホアプリの画面上で預金口座の残高を１円＝１コインに交換する，友達同士で食事代などを精算するなどの機能を実装しています。今後はリアルタイム取引，小数点以下の単位を活用した決済の実現などを検討しています。

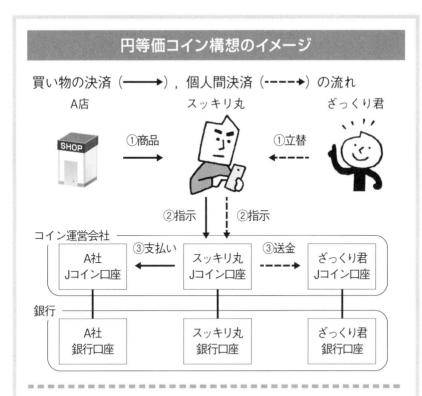

円等価コイン構想のイメージ

買い物の決済（——→），個人間決済（----→）の流れ

■暗号資産・電子マネー・円等価コインの違い

	用途	特徴
暗号資産	投機 個人間送金	価格変動大 無保証
電子マネー	商品・サービスの購入	現金チャージで 円と等価
円等価コイン	商品・サービスの購入 個人間送金	円と等価を 銀行が保証

5-7 ICOとは？

暗号資産を用いた資金調達って，アリですか!?

　ICOは「Initial Coin Offering」の略で，資金調達を望む企業やプロジェクトが，独自の**暗号資産**や**トークン**を新規に発行し，投資家からビットコインなどの既存の暗号資産を得ることをいいます。

　従来からある，資金調達手法である新規株式公開（IPO：Initial Public Offering）とICOを対比すると以下になります。

	ICO	IPO
発行物	暗号資産・トークン株式	株式
発行者	誰でも可	申請会社
法規制・基準	ICOの性質により，適用されるべき法規制・基準は異なる	明確な定めあり
発行物の効能	発行物によって異なる（例：貨幣機能やスマートコントラクトの利用権など）	配当 議決権 株主優待

 Check!　暗号資産とトークンのちがい

　定義は諸説ありますが，一般的には独自のブロックチェーンを有する場合を暗号資産，既存の暗号資産のブロックチェーンを利用して生成される場合をトークンと呼称しています。この分類によれば，暗号資産は自律分散型，トークンは発行者による集中管理型が多いです。

ICOのしくみ

■ICOの方法

発行者はコンセプトや技術上の裏付けを明示したドキュメントを準備し，目標調達額を定め，以下の①から④の流れで行う。

投資家

① 独自の暗号資産
またはトークン
の販売

② 既存の暗号資産
による支払い

発行者

③ 調達した既存の
暗号資産の売却

④ 法定通貨の受取り

暗号資産
取引所

投資家が受け取った独自の暗号資産あるいはトークンは暗号資産取引所で売却益を狙った売買か，スマートコントラクトなどの権利の行使に用いられる。

■IPOと比較したICOのメリット・デメリット

	メリット	デメリット
発行者	●準備が容易かつ迅速 ●配当が不要 ●投資家管理不要 ●財務諸表の開示義務がない	●予期せぬ制度対応を負わされるリスク
投資家	●機能の利用やスマートコントラクト利用権の行使	●価値変動リスク ●発行者の監視が困難 ●配当がない ●議決権がない

5-8 ICOのポイント

渡る世間は詐欺だらけ

　中国や韓国などでICOが全面的に禁止され，世界的にICO規制が強化される傾向にあります。一方，日本はICOの規制整備に対しては判断が待たれる状況です。もし，日本が世界に先駆けてICOに利用者保護の観点で適切な規制を整備・運用できれば，世界のマネーが日本発のICOに集まるという未来が期待できるでしょう。

　ICOは資金調達の手法の1つという意味でIPOと似ていますが，IPOに比べて，歴史が浅くルールに未成熟な点があるため，ICOによる詐欺行為が多数発生していることも事実です。ICO後に開発プロジェクトが事実上ストップしたり，トークンに使い道がないことが判明したり，トークンが値上がりしたタイミングで発行者による売り逃げが発生したりすれば，トークンは暴落するでしょう。そこで，ICO後も開発を継続しているプロジェクトの成功事例から，健全なICOを見極めるポイントを右ページで紹介します。ICO投資家は自らが積極的に情報収集を行い，健全なICOであるかどうかを慎重に見極める必要があるのです。

 Check!　ICOに適用されるルール

　ICOごとに暗号資産やトークンに独自性があり，性質が異なるので，ICOの都度，適用すべきルールの検討が必要になります。関連するルールは暗号資産法・前払式支払手段規制・ファンド規制・民法・消費者契約法・出資法など，非常に複雑で広範囲にわたりますので，ICOの法令遵守状況を注視する必要があります。

ICOの見極めポイント

共通検討事項	ホワイトペーパーと呼ばれるコンセプトや技術上の裏付けを明示したドキュメントが公開されているか。
	(**説明**) ホワイトペーパーには技術的な内容が含まれることから，難解な表現となりがちだが，ホワイトペーパーからプロジェクトの魅力（独創性・有意性・将来性）が感じられるかどうかの確認は，大切な資金の投資判断上，避けるべきではない。
	法律上の問題をクリアしているか。
	(**説明**) 新暗号資産・新トークンが有する独自性から，ICOの都度，法令違反がないか，慎重に検討しなければならない。
	新トークンあるいは新暗号資産に利用価値があるか（投機目的以外の需要があるか）。
	(**説明**) 新暗号資産・新トークンがどのように利用できるかを把握すべき。利用用途にニーズがあれば新暗号資産・新トークンの需要増が見込めるであろう。
開発状況把握の観点	プロジェクトに実績ある開発技術者が複数名関与しているか。
	(**説明**) 開発プロジェクトの継続性を測るうえで，開発体制の厚みは重要。
	開発者と投資家のコミュニケーションが活発か。
	(**説明**) 通常，プロジェクトはSNSを利用して最新のプロジェクト動向を発信している。また，開発プロジェクトへの参画をSNSで呼びかけたり，プロジェクト上の課題や進捗状況を開示することがある。オープンなコミュニティが形成されていれば，プロジェクトの中身に触れることができる。
投資上の観点	取引所に上場予定があり，ICO後の流動性が確保されているか。
	(**説明**) 売却益を見込んで投資する場合は，流動性の高さが重要。
	ICOの参加に条件はあるか。
	(**説明**) ICOの参加に条件があるのにも関わらず，投資する者はプロジェクトを高く評価した長期ホルダーであることが多いといわれる。
	開発者・関係者・管理者への割当てがどの程度あるか。
	(**説明**) 割当て分が過剰な場合，市場への流通をコントロールすることによる価格操作のおそれが高まる。

5-9 ステーブルコイン

暗号資産が法定通貨のように使用される日がくるかも…？

　暗号資産はそのボラティリティ（§6-6）が魅力的ですが，その大きすぎるボラティリティが決済手段としてはなじまない面があります。そこで，暗号資産を決済手段として使用するために，ステーブルコイン（ボラティリティが低い暗号資産）という，価格の安定化を実現する暗号資産が設計されました。

　ステーブルコインは担保型と無担保型の2つの種類に分けられます。

　担保型はステーブルコインの発行者が暗号資産発行の裏付資産として法定通貨やコモディティ資産（金など）を保有し，裏付資産に価格を連動させることで暗号資産の価格安定化を図っています。一方で無担保型は裏付資産を保有せず，特定の資産（法定通貨や金など）の価格を参照するようにアルゴリズムが設計された暗号資産です。担保型は発行する暗号資産に応じて裏付資産を保有するため，大きく価格が変動することはありません。しかし無担保型は何らかの理由で設計したアルゴリズムが機能せず，参照している資産との価格が乖離し，暗号資産の価格が大幅に下落した事例もあります。

 Check!　無担保型ステーブルコインの大暴落

　2022年の5月にTerraUSDという無担保型ステーブルコインの大暴落が起こりました。この暗号資産は同じ発行体が発行している別の暗号資産を介してUSDと連動するように設計されていましたが，突如USDとの連携が困難になり，数日で99％以上の下落になりました。

ステーブルコインのしくみ

■担保型ステーブルコイン

裏付資産（法定通貨や金など）　　　　　暗号資産

発行する暗号資産の量は，発行者が保有する裏付資産の量まで。

■無担保型ステーブルコイン

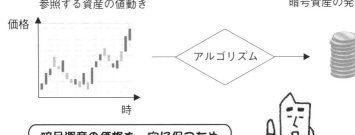

参照する資産の値動きに応じて
暗号資産を発行する
アルゴリズムを設計しよう。

参照する資産の値動き　　　　　　　暗号資産の発行量

価格

アルゴリズム

時

暗号資産の価格を一定に保つため
に，時には発行済みの暗号資産を
ブロックチェーン上から排除する
こともあるよ。

COLUMN

各国の暗号資産規制のお国事情!?

　最近，暗号資産を規制するといった報道をよく耳にします。実際，諸外国でも暗号資産を規制する動きが出始めています。諸外国の暗号資産規制についていくつか見てみましょう。国によって千差万別といったところですが，暗号資産を禁止するのでなく，規制を行うもしくは監視下に置くといった傾向が見受けられます。Zcashなど秘匿性の高い暗号資産なども登場していますので，今後の規制の動向が注目されるところです。

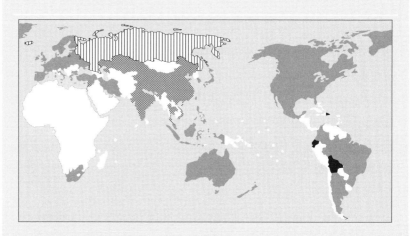

●ビットコイン取引の規制状況

　　　　：法律で取引が認められている国

　　　　：法律で一部制限がある国

　　　　：明確な法律がない国

　　　　：法律で大部分が制限もしくは全面的に禁止されている国

　　　　：その他の国

§6

暗号資産の問題点

暗号資産はその高い技術と利便性で急速に広まっていますが，暗号資産が持つ特殊性から，いくつかの問題点や落とし穴があります。§6では暗号資産の問題点をいくつか紹介します。

暗号資産にこんなに
問題点があるとは…
知っておけば良かった。

6−1　暗号資産は盗まれる？

ハッキングにより秘密鍵が盗まれ，送金されてしまう！

　目に見えない暗号資産は取引記録が命です。このためブロックチェーンや秘密鍵の技術で改ざんを防いでいます。しかし，それでも暗号資産の流出事件をしばしば耳にします。どういうことなのでしょうか？

　流出といっても，残高を勝手に書き換える等の改ざんが行われるわけではありません。仮に1つの元帳だけを書き換えても，分散型台帳（§4-7）をとるブロックチェーンの場合，それは意味がないことです。

　よく行われる手口は，不正に入手した秘密鍵で所有者になりすまし，自分のアカウントに暗号資産を送るというものです。送金履歴がブロックチェーン上に残りますが，公開されているのは名前でなくアドレスのため，すぐには本人を特定できません。匿名性通貨（§6-2）の場合は特にその傾向があります。犯人はさらにマネーロンダリング（§6-3）をしたうえで，現金化するのです。

　暗号資産交換業者が標的となる場合，被害額は多額になります。2018年1月，暗号資産交換業者であるコインチェックで起こったネムの流出は，被害総額がじつに580億円相当にのぼりました。

 Check!　過去に起こった主な暗号資産の流出

　コインチェック事件の前では，2014年日本で起きたマウントゴックス事件の被害総額が最大で480億円相当でした。他にはナイスハッシュ72億円相当，ビットフィネックス66億円相当，THE DAO 52億円相当等の流出事件があり，いずれも被害総額は桁違いです。

暗号資産の流出は，こうして起こる！

① ハッカーがオンラインウォレット上の秘密鍵を入手する

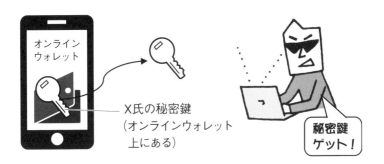

② 秘密鍵を使い所有者になりすまし，自身のアカウントに送金する

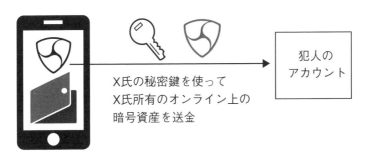

③ 資金洗浄を行ったうえで，現金化する

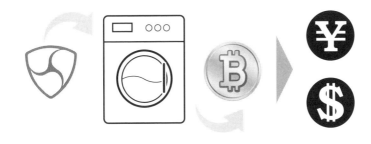

6-2 匿名性通貨とは？

暗号資産の匿名性による利点と欠点

　暗号資産でのプライバシーはどの程度担保されているのでしょうか？

　ビットコイン等の多くの暗号資産では，取引データ上に本人の名前（実名）は必要ありませんが「アドレス」は必要となります。すべての取引データはブロックチェーン上に保管され，公開されており，そこには取引主体のアドレスも含まれています。アドレスだけでは本人の特定は難しいものの，仮にアドレスと本人の紐付けができれば本人が特定できます。このため，「匿名性」というより「偽名性」の性質があると言われています。

　つまり，偽名ではあるものの取引がすべて晒されることになるため，利用者のプライバシー確保は限定的となります。これに対し，たとえば，複数の取引データをミックスして送信者と受信者を特定させない方法や，グループで共有するアドレスを作り，誰が送信者であるか分からなくする方法等，暗号化技術を活用することで匿名性を強化することが可能です。こうした技術を利用した**匿名性通貨**と呼ばれる通貨も実用化されています。

　匿名性通貨は，利用者のプライバシーが担保されるといった利点はありますが，同時に取引履歴の閲覧が困難なため，反社会勢力との取引やマネーロンダリング（§6-3）に悪用されることが懸念されています。こうした取引を監督・監査する立場（暗号資産交換業者の監督官庁等や内部監査部門）からすると，難しい課題を抱えた通貨であると言えます。

匿名性通貨の代表例

■取引データをミックスして送信者と受信者を特定させない方法

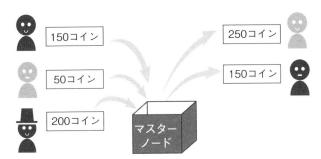

- 送信者の取引データは「マスターノード」と呼ばれる場所にいったんため込まれる。
- マスターノードで取引データがミックスされたうえ，受信者に取引データが送信される。
  ➡ 誰から誰に送信されたかは見えないようになっている

■グループアドレスを利用して送信者と受信者を特定させない方法

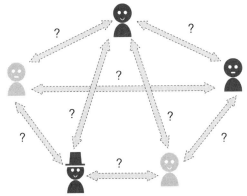

- 取引データは，送信者グループの複数名の秘密鍵により署名される。
- 受信者のアドレスは，1回限り使い捨ての「ワンタイムアドレス」を使う。
  ➡ グループのうちの誰が送信したかを特定することは困難。受信者の特定も困難。

6-3 マネーロンダリングへの悪用

暗号資産はマネロン（資金洗浄）の温床か

　マネーロンダリング（以下，「マネロン」）は，犯罪で得た資金を口座から口座に移すことで出所をわからなくし，不正資金であることを隠すことです。資金洗浄とも呼ばれています。暗号資産の不正流出でもマネロンを使って現金化が図られるといわれています。

　暗号資産は**インターネットを通じ，国境を越えた取引でも資金移動を迅速に行える**のが特徴です。これは利点ではありますが，利用者の本人確認の規制が緩い国があることや無国籍暗号資産取引所があることにより，匿名性が高く，**マネロンへ悪用されやすい**といわれています。

　実際に暗号資産を悪用したマネロンも起きており，各国が規制をかけ始めました。日本でも2017年4月に施行した**改正資金決済法**で，**暗号資産を「財産的価値」と定義し，取引所が口座開設時に免許証などで本人確認をすることを義務づけ**ました。しかし暗号資産は国境のない通貨であり，各国で規制しても，1つ規制が緩い国があれば，そこに資金を移動しマネロンが可能です。コインチェック事件後のG20で，初めて議論の対象とされ，**国際的な監視体制が必要**であるとの声明が出されました。

 Check!　過去に起こった暗号資産悪用のマネロン

　2017年7月にビットコインを使って，少なくとも40億ドル（約4,400億円）相当のマネロンに関与した疑いで，ブルガリアの取引所「BTC-e」の運営者であったロシア人の男が逮捕されました。これは，この時点で最大規模のマネロンです。

マネロンには国際的な規制が必要

国境を越えて取引される暗号資産の場合，一国でも規制が緩い国があると，それが抜け道になる。

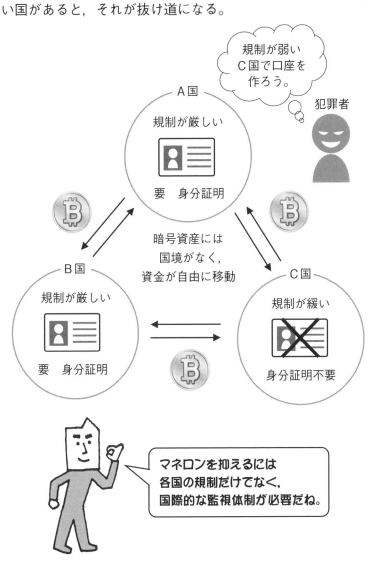

6-4 暗号資産交換業者の安全性

暗号資産交換業者に求められる対策とは？

　暗号資産を購入する際に利用される暗号資産交換業者の多くは，パソコンやスマートフォンに対応したアプリを提供しています。多くのアプリは，リアルタイムで換算レートを確認できたり，簡単に暗号資産の売買ができたり，分かりやすい操作性を売りにしています。金融やITに関する詳しい知識がなくても売買に参加できることで人気を集めています。

　便利な反面，暗号資産交換業者を利用するにあたっては，私たちの大切な資産（法定通貨や暗号資産）を預けているということを意識する必要があります。

　多くの暗号資産交換業者では，利用者の秘密鍵を管理しています。暗号資産交換業者のセキュリティ管理体制が甘い場合，秘密鍵が盗まれ，なりすましにより，暗号資産利用者が預けた財産が盗まれるかもしれません（§6-1）。実際，暗号資産交換業者がハッキング対象となり多大な資産が流出した事件も発生しており，その管理体制が問題視されています。

　こうした事態が発生しないよう，暗号資産交換業者には，安全対策の構築が求められています。たとえば，使わない鍵のネットワークから隔離した管理（コールドウォレット管理）や，複数の秘密鍵の組合せを前提とした開錠方法（マルチ・シグニチャ）等が，有用な秘密鍵の管理策であると言われています。

　利用者としては暗号資産交換業者がどのような鍵管理を行っているかについて関心を持つべきであり，暗号資産交換業者としては自社の鍵管理体制を利用者に説明することが望まれます。

重要な「秘密鍵」の管理

1．使わない鍵の隔離（コールドウォレット管理）

　　鍵を使わないときは，ネットワークにつながれている場所（ホットウォレット）ではなく，隔離された場所（コールドウォレット）に保管しておけば安心！

2．秘密鍵の分散管理（マルチ・シグニチャ）

　　複数の秘密鍵を登録して，秘密鍵を複数使わないと暗号資産を署名・送信できないようにすること。下記はその一例で，3つの秘密鍵を登録し，うち2つを使い署名・送信するというもの。

複数の鍵がないと開けられないようにしておけばリスクは抑えられるね！鍵は別々の場所で保管すれば，なお安心！

6-5 詐欺コインに騙される

「今投資すれば，価格は何倍にもなりますよ」は怪しい！

　今，暗号資産ブームということもあり，多くの人が注目している一方，暗号資産による詐欺も横行しています。

　よくある詐欺コインは，ビットコインの成功例を挙げ，新しい暗号資産を紹介し，購入や投資を勧誘するものです。詐欺かどうかの見極めは難しいですが，一般的には，①悪意を持った管理者の存在，②価格の上昇を大きく煽る，の2つがポイントであるといわれています。

①　悪意を持った管理者の存在

　ビットコインは管理者が存在しませんが，暗号資産によっては供給量などをコントロールするために，例外的に管理者が存在している場合もあります。もし悪意を持った管理者が供給量をコントロールすれば，管理者である運営会社が儲かるため，注意すべきポイントかもしれません。

②　価値の上昇を大きく煽る

　これは，暗号資産に限らず，詐欺商法や投資の常套文句です。暗号資産の販売イベントで購入や投資を促すなどの例も見られます。

　このほか，価格保証があるものや，限定販売，取引所を介さない売買等も，詐欺にありがちなポイントです。詐欺に遭わないためにも，まずは暗号資産のことをよく知るということが肝要です。

詐欺コインの2つの特徴

特徴① 悪意をもった管理者が存在する

通貨の発行量などを
コントロール

管理者

悪意を持った管理者が
供給量をコントロール
することで
不正を行うリスクがある

利用者

特徴② 価値の上昇をやたら煽る

必ず儲かり
ますよ!!

確かに
儲かりそう!

6-6 ボラティリティが大きい

暗号資産の価格の変動率は他の通貨や商品より大きい？

　暗号資産は，**ボラティリティ**（価格の変動幅の比率）が大きいと言われています。たとえば1ビットコインは，2009年に取引が開始された時は1ドル未満でしたが，最近では2021年11月に6万4千ドル（約760万円）を一時的に超えた後，翌年2022年11月には200万円台前半まで下落し，高いボラティリティを示しています（右ページ参照）。

　なお法定通貨や他の商品で，暗号資産と同じくらい大きいボラティリティを示すものは，株やFXも含めあまりありません。たとえばドル円の為替レートのボラティリティは，ビットコインと比較して3分の1から5分の1程度です。

　このように暗号資産のボラティリティが大きいのは，暗号資産の市場がまだ未成熟で小さいこと，現時点では国等による規制もまだ強くはないということも影響していること，また従来の通貨にないレベルの巨額の不正事件や国の方針転換等に投資家が躍らされやすいことなどが考えられます。ボラティリティが大きいということは，投機性が高いということであり，億り人のようなうらやましい人々がいる一方，大きく損をすることもあるということで，その点は投資にあたり留意が必要です。

 Check!　ビットコインの相関関係

　ビットコインはボラティリティが大きい一方で，値動きが金に相関することから「デジタルゴールド」と呼ばれていました。しかし近年ではアメリカ株式に相関が見られるようになり，2022年ではアメリカ株式の下落に伴いビットコインの価格も下落してしまいました。

ビットコインの価格変動

代表的暗号資産のビットコインの価格変動。2021年11月～2022年11月のわずか1年で4倍近くの変動がある。

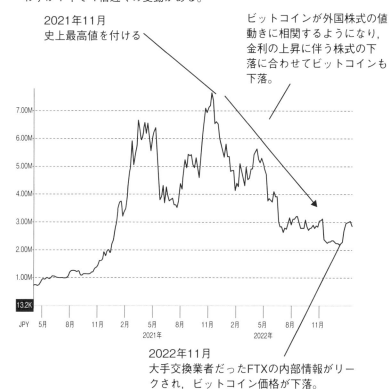

2021年11月
史上最高値を付ける

ビットコインが外国株式の値動きに相関するようになり，金利の上昇に伴う株式の下落に合わせてビットコインも下落。

2022年11月
大手交換業者だったFTXの内部情報がリークされ，ビットコイン価格が下落。

インフレ・金利上昇の影響が暗号資産にも…
暗号資産業界は冬の時代が到来…

6-7 ソフトフォークとハードフォーク

プログラム変更における課題

　中央の管理者がいない暗号資産の世界においても，必要なプログラム変更はしなければなりません。ビットコインの場合は，投票のような形でプログラムの変更要否を決定し，「コア開発者」と呼ばれる一部の者がプログラムのメンテナンスを行うこととしています。

　新しいバージョンのプログラムは，各ノードにインストールされる必要がありますが，各ノードでバージョンを一斉にあげることは難しく，バージョンが合わないノードが混在することがあります。この時，旧バージョンのノード同士と，新バージョンのノード同士で別のブロックチェーンを作る状況，いわゆる**フォーク**が起きる可能性があります。ただし，旧バージョンと互換性があるプログラムであれば，時間の経過とともに一つに収斂されることになります。こうした仕様を**ソフトフォーク**と言います。

　一方，新バージョンのプログラムに適用したノードでは新バージョンで生成されたブロック以外受け入れず，旧バージョンのノードとは別のブロックチェーンを作り，永久に分岐させるようにすることもできます。こうした仕様を**ハードフォーク**と言います。

　ビットコインの派生コインが2017年に複数誕生したのも，ハードフォークによるものでした。ハードフォークの賛否をめぐり様々な議論がされたものの，なかなか方針が固まらないことに利用者からの不満の声も多く聞かれました。中央管理者がいないため主体的な管理者も明確でなく，ガバナンス体制は脆弱であると言えます。こうした混乱でシステム全体の信頼を損なわないか，注視していく必要があります。

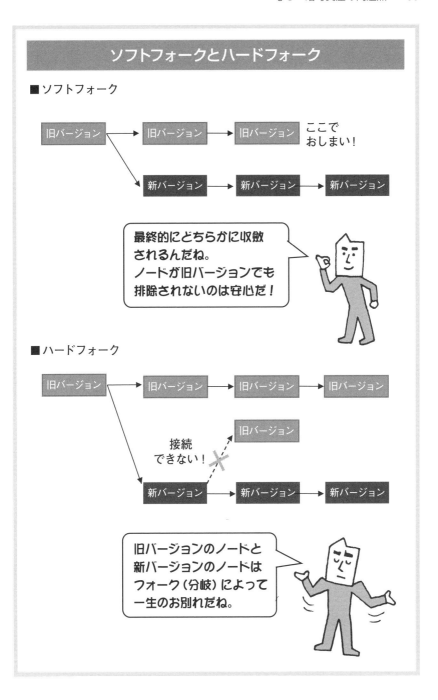

6-8 暗号資産の秩序を保つには？

秩序あるマイニング環境と「51％攻撃」等の脅威

　ビットコイン等の暗号資産の世界は，取引の承認を行うマイナーの存在が重要となります。マイナーは計算競争にかかる経費（主には膨大な電気代）を負担する半面，マイニングに成功した際に報酬が得られるというインセンティブにより活動しています。経費以上の報酬が得られないようであればマイナーは撤退し，逆であれば増えるという構造です。

　マイナーが増減する要素として，**報酬の半減期**が挙げられます。ビットコインでは21万ブロック（約4年）ごとにマイニング報酬が半減する設定となっています。これまでの2回の半減期では，大手のマイニング業者が撤退する等，その都度淘汰が起こっています。

　こうした生存競争の結果，一部のマイナーが過半数のハッシュ・パワー（マイニングをするための処理能力）を持った場合，他のノードを差しおいて計算できるため，不正な取引を正当化する等の不正を働くことができると言われています。これが，いわゆる**51％攻撃**であり，多数決で決めるブロックチェーンの秩序を乱す行為であると言えます。実際にこの攻撃が実行されるリスクは低いと言われていますが，この状態自体がその暗号資産の信頼性をなくし，価値を下げるおそれがあります。

　暗号資産ではハッシュ関数や電子署名等の暗号技術により安全性が担保されています。現在の科学技術では暗号解読に相応の時間を要するため秘匿性が保たれていますが，量子コンピュータの実用化等により，一部のマイナーが既存のハッシュ・パワーを大幅に圧倒してしまうと，他のマイナーを出し抜くことはもとより，マイニング・エコシステムの秩序が乱れ，結果的にその暗号資産の信頼性をなくすことも懸念されます。

秩序あるマイニング環境を脅かす事象

■ 報酬の半減期

> マイニングに係る経費に
> 比べて報酬が安すぎる！
> もう，やってられない!!

■ 51% 攻撃

> いくら頑張っても，
> 彼の計算速度には
> 勝てない…
> 負けっぱなしで，これ以上
> 頑張ってもダメだ…

■ 圧倒的な計算力の出現

> 相手は量子コンピュータか…
> どうやっても勝てないぞ。
> そもそも暗号が
> 見破られることはないのか？

ハードフォークで新暗号資産をゲット！

　暗号資産のブロックチェーンが分岐（ハードフォーク）すると（§6 -7），従来と同量の新暗号資産が誕生します。分岐直前に暗号資産を保有していた者が，分岐後に自身のウォレットを見れば，元の通貨に加えて，同数の新通貨が表示されていることでしょう。

　ハードフォークはどの暗号資産にもあり得ますし，保有者に大きな影響を与えますので，ハードフォーク情報にアンテナをはることをおすすめします。また，以下に挙げたハードフォークの特質を理解しておきましょう。

① 　ハードフォーク前後の数時間は，バグの危険性を考慮して，取引所は暗号資産の売買を停止します。また，ウォレットの多くは送金できません。

② 　価格は，理論的には次の式が成り立つと考えられます。

> 元の通貨の分岐前価格 ＝ 元の通貨の分岐後価格 ＋ 新通貨価格

　しかし，現実には，様々な要素（投機筋・開発陣営・マイナー陣営の思惑，新技術への期待など）で価格は成り立ち，ハードフォーク前後には急激な価格変動が発生する傾向があります。

③ 　ハードフォークは新通貨が誕生するというメリットがある反面，様々な希薄化（開発やマイナーの分裂，発行量の倍増）のデメリットがあります。

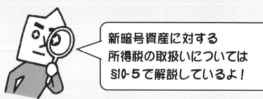

新暗号資産に対する
所得税の取扱いについては
§10-5で解説しているよ！

§7

暗号資産交換業者の
ビジネスと規制，監査

暗号資産を利用する多くの方は，暗号資産交換業者を通じて売買・交換などを行っているのではないでしょうか。

§7では，暗号資産交換業者に焦点を当て，仕事や役割，規制についてご紹介します。

知らないことも多いから
理解を深めよう。

7-1 改正資金決済法とは？

暗号資産交換業についての制度整備

「情報通信技術の進展等の環境変化に対応するための銀行法等の一部を改正する法律」により，改正された**資金決済に関する法律**（以下，「改正資金決済法」という）が，2017年4月1日より施行されました。

この法律が施行された背景の1つにマウントゴックス事件があります。これは，当時，世界最大規模のビットコイン交換所を営むマウントゴックス社（本社：東京都）が2014年に利用者から預かっていた約480億円の資産を流出後，破たんしたという事件です。この事件を契機に暗号資産取引の利用者資産保護の必要性が認識されました。

また，暗号資産取引について国際的にも規制が必要ではという動きがありました。利用者の本人確認の規制が緩い国で行われる暗号資産取引については，アドレスと個人情報の紐づけが明確にならないことから匿名性が高く，取引の追跡が困難です。これが，マネーロンダリング（§6-3）やテロ資金の調達手段とされる可能性が問題視されたのです。

このような状況を踏まえ，改正資金決済法では暗号資産交換業に係る制度整備を行い，**登録制の導入**や**利用者保護のためのルール**などが定められました。

なお，改正資金決済法は定期的に見直しが行われており，今後も新たなルールが定められていくことが考えられます。

改正資金決済法（2017年施行）の主な柱

利用者の財産と
自己の財産の
分別管理義務
（§7-5）

金融庁への登録

分別管理状況
についての監査
（§7-7）

貸借対照表，
損益計算書の
監査
（§7-6）

暗号資産交換業者

情報の安全
管理措置

金融庁に
よる監督
および罰則

利用者への
情報提供
（暗号資産交換業に
係る契約の内容）

暗号資産の定義も
定められたんだね！

7-2 暗号資産交換業者のビジネス

暗号資産取引所と暗号資産販売所

「暗号資産交換業」とは，以下の行為のいずれかを業として行うことで，これらの登録を受けた者を暗号資産交換業者といいます。

① 暗号資産の売買または他の暗号資産との交換
② ①に掲げる行為の媒介，取次または代理
③ ①，②に掲げる行為に関して，利用者の金銭または暗号資産の管理をすること
④ 他人のために暗号資産の管理をすること（当該管理を業として行うことにつき他の法律に特別の規定のある場合を除く）

　暗号資産交換業者の代表的なビジネスに，**暗号資産取引所**（以下，「取引所」という）の運営があります。これは暗号資産を買いたい利用者と売りたい利用者の注文を受け，それを自社の取引所内で売買を成立させ，手数料収入を得るビジネスです。取引の当事者は，利用者同士だけでなく，暗号資産交換業者自身となることもあります。

　取引所だけでなく，**暗号資産販売所**（以下，「販売所」という）を運営する暗号資産交換業者もいます。販売所では，暗号資産交換業者が保有する暗号資産を利用者が購入する，もしくは利用者が保有する暗号資産を暗号資産交換業者へ売却する取引が相対で行われます。

　販売所での取引当事者は利用者と暗号資産交換業者のみで，売買価格は販売所の提示価格になります。不特定の取引相手や売買価格を指定できる取引所とはこの点で異なります。また売値と買値の差（スプレッド，手数料の一種）は，一般に販売所の方が取引所より大きく設定されます。

暗号資産交換業者のビジネス

■暗号資産取引所

暗号資産
交換業者

利用者の売買を成立させ，
手数料収入を得る。

暗号資産
取引所

100円

98円

売りたい利用者

売り注文
101円

買い注文
99円

買いたい利用者

102円

100円

売買
成立

■暗号資産販売所

暗号資産
販売所

暗号資産，
買いたいんですが。
（または，売りたいん
ですが。）

（利用者）

買いなら，99円よ。
（売りなら，101円よ。）

7-3 暗号資産の取引形態

取引所で行われる取引，相対取引

　暗号資産交換業者は，利用者から注文を受け，取引所で売買を成立させる（委託取引）ほか，自らも暗号資産取引に参加し，収益の獲得をはかります（自己取引）。

　委託取引とは，**利用者が売り注文もしくは買い注文を取引所へ行い，取引所において売買を成立させる取引**です。委託取引で発生する損益は，委託者である利用者に帰属します。利用者は，取引所を利用することで，自ら取引相手を探す手間を省き，また安全に売買を成立させることが可能になるのです。

　自己取引とは，**暗号資産交換業者が自己の計算をもって行う**暗号資産取引をいいます。自己取引で発生する損益は，すべて暗号資産交換業者自らに帰属します。

　なお，取引所外で売買取引を行う場合もあります。これを相対取引といいます。

 Check!　委託取引に係る暗号資産交換業者の役割

　証券業での委託取引は，利用者が証券会社に対して売買注文を行い，証券会社はその売買注文を金融商品取引所等へ取り次ぎます。そのため，売買取引は証券会社の名をもって行われます。

　暗号資産交換業の委託取引は，利用者が暗号資産取引所へ売買注文を行い，暗号資産交換業者はそれらの売買注文をマッチングさせる役割を担っています。そこで，売買取引は利用者の名をもって行われます。

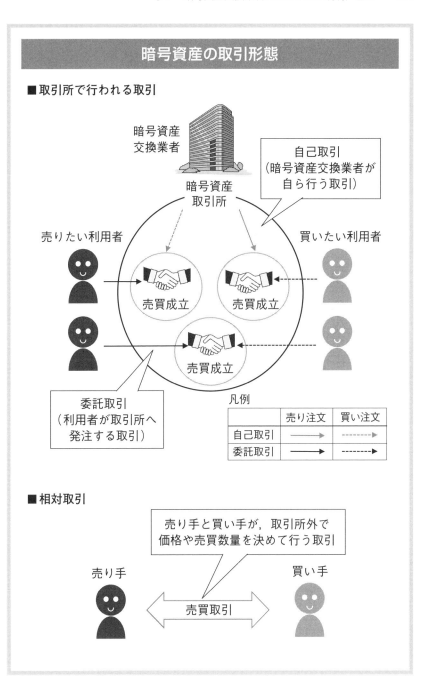

暗号資産の取引形態

■取引所で行われる取引

暗号資産
交換業者

暗号資産
取引所

自己取引
（暗号資産交換業者が
自ら行う取引）

売りたい利用者

買いたい利用者

売買成立

売買成立

売買成立

委託取引
（利用者が取引所へ
発注する取引）

凡例

	売り注文	買い注文
自己取引	⟶	------▶
委託取引	⟶	------▶

■相対取引

売り手と買い手が，取引所外で
価格や売買数量を決めて行う取引

売り手

買い手

売買取引

7-4 暗号資産の取引方法

現物取引とレバレッジ取引

　暗号資産取引所で行われる取引に**現物取引**と**レバレッジ取引**があります。

　現物取引は，**実物の暗号資産を売買する取引**をいいます。そのため自己資金の範囲までしか取引できません。

　レバレッジ取引とは，**自己資金以上の金額の暗号資産を売買できる取引**をいいます。証拠金取引や信用取引，先物取引はこれに該当します。

　現物取引とレバレッジ取引の特徴は以下のとおりです。

	現物取引	レバレッジ取引
取引金額	自己資金の範囲内	自己資金より大きな金額で取引が可能
損失の範囲	取引金額の範囲内	自己資金を超える損失が発生する可能性がある
取引の開始	"買い"からのみ始められる	"買い"だけでなく"売り"からも始められる

 Check!　価格の下落局面でも利益が得られる

　レバレッジ取引では"売り"から取引を始めることができます。暗号資産の価格が今後，下落すると予想する場合には，初めに売却取引を行います。予想どおり価格が下落した場合，購入取引を行い決済することで利益が得られます。

取引所で行われる取引

■現物取引

自己資金　　　　　　　　　取引額

50万円　　　　　　　　　50万円

自分が持っているお金の範囲内で
しか暗号資産を買うことが
できないのが現物取引なんだ。

■レバレッジ取引

取引額

100万円

自己資金

50万円

レバレッジをかけると
大きな金額での取引が
可能になるんだよ！

7-5 分別管理とは

利用者財産保護のカギ

　改正資金決済法では，暗号資産交換業者に**分別管理**，すなわち，利用者の財産と自己の財産を分別して管理することを義務づけています。適切な分別管理により，**暗号資産交換業者と利用者の財産が明確に区分され**，利用者の財産が不正に流用されるリスクが低減され，**利用者保護が図られる**ようにするためです。

　分別管理をするうえで，暗号資産交換業者が遵守しなければならない主な事項は以下の通りです。

✔ 分別管理の執行方法の定めとその方法の契約への反映
✔ 利用者から預った金銭：信託銀行等に信託
✔ 自己で管理する暗号資産：帳簿上の利用者財産の残高とネットワーク上の有高との照合。不一致の場合には，速やかな解消
✔ 暗号資産の分別管理：自己の暗号資産を管理するウォレットとは別のウォレットにおいて利用者の暗号資産を管理
✔ 利用者の暗号資産に係る秘密鍵等：常時インターネットに接続していない電子機器等に記録して管理

　分別管理自体は，利用者の財産を預かる金融機関で広く実施されていることです。しかし，秘密鍵の取扱い等は，暗号資産ならではの遵守事項といえます。

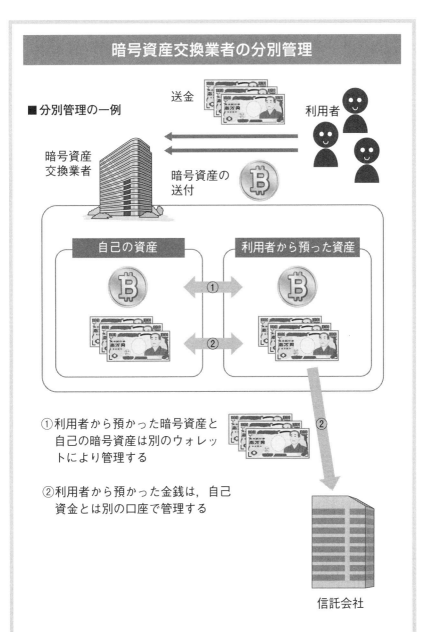

暗号資産交換業者の分別管理

■分別管理の一例

送金

利用者

暗号資産
交換業者

暗号資産の
送付

自己の資産

利用者から預った資産

①

②

②

信託会社

①利用者から預かった暗号資産と
　自己の暗号資産は別のウォレッ
　トにより管理する

②利用者から預かった金銭は, 自己
　資金とは別の口座で管理する

7-6 暗号資産交換業者への財務諸表監査

なぜ財務諸表監査が必要なのか

改正資金決済法では，暗号資産交換業の実施状況等を把握し，適切な監督を行うため，暗号資産交換業者に対して事業報告書の提出を求めています。提出が求められる書類は以下のとおりで，事業年度の末日から3か月以内とされています。

① 事業報告書本体
② 貸借対照表および損益計算書
③ ②の書類についての監査報告書

事業年度ごとに事業の概況や暗号資産交換業に関する収支の状況を記載した報告書を内閣総理大臣に提出することが求められています。

この報告書には財務に関する書類，つまり貸借対照表および損益計算書（以下，「財務諸表」）の添付が求められています。

そして，財務諸表には公認会計士または監査法人の監査報告書を添付しなければなりません。

財務諸表監査が実施されることで，**財務内容の適正性が担保される**ことになります。また，**暗号資産交換業者が不正を行うことを牽制できる**ほか，財務内容に何らかの問題がある場合には，それが発見されることが期待できます。

暗号資産交換業者への財務諸表監査の指針も定められました。監査は「暗号資産交換業者の財務諸表監査に関する実務指針」に従うこととされました。

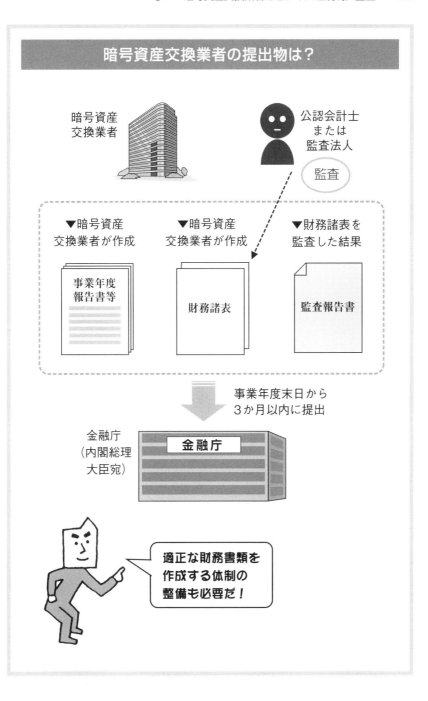

7-7 暗号資産交換業者への分別管理監査

なぜ分別管理監査が必要なのか

　改正資金決済法では，暗号資産交換業者に対して，3か月ごとに管理する利用者の金銭の額および暗号資産の数量その他これらの管理に関する報告書を作成し，内閣総理大臣に提出しなければならないとしています。

　また，暗号資産交換業者が行っている**分別管理の状況**について，毎年**1回以上，公認会計士または監査法人の監査を受けなければならない**としています。そして，この報告書には公認会計士または監査法人から提出された直近の報告書の写しを添付しなければなりません。

　分別管理監査が実施されることで，**利用者財産の適正な管理についてその実効性が担保される**ことになります。また，**暗号資産交換業者が顧客財産を不正に流用することを牽制**できるほか，分別管理の状況に何らかの問題がある場合には，それが発見されることが期待できます。

> 🔑 **Key Word　分別管理監査**
>
> 　改正資金決済法では，財務諸表監査および分別管理監査の実施が義務づけられています。同じ"監査"という言葉が使われていますが，両者は以下の点で異なります。
>
> 　財務諸表監査は，公認会計士または監査法人（以下，監査人）が自ら計画・策定した手続の実施結果を意見として表明することにあります。一方で，分別管理監査は，暗号資産交換業者と監査人との間で合意した手続の実施結果を事実に即して報告するのみにとどまります。

分別管理監査

暗号資産
交換業者

公認会計士
または
監査法人

監査

内部管理体制

- 法令遵守担当の代表取締役の特定
- 管理規程の整備
- 残高照合担当者の設置
- IT全般統制上の職務分掌
- セキュリティ体制の整備 etc

分別管理業務

- 取引残高報告書の作成, 送付
- 毎営業日の残高照合
- 残高不一致時の対応
- 金銭, 暗号資産に係る受払
- 利用者区分必要額の計算 etc

▼暗号資産
交換業者が作成

利用者財産の
管理に関する
報告書

▼暗号資産
交換業者が取得

金銭,
暗号資産に
関する
残高証明

▼分別管理の状況を
監査した結果

手続
実施結果
報告書

※毎年1回は必要

３か月ごとに各期間の
経過後, 1か月以内に提出

金融庁
（内閣総理
大臣宛）

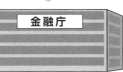
金融庁

COLUMN

世界でいちばん厳しい規制？

　日本では暗号資産交換業者に分別管理を義務づけていますが，分別管理をしないとどうなるのでしょうか。海外に目を向けると暗号資産交換業者に対して様々な法規制があるものの，日本ほどの厳しい分別管理が義務づけられている国はないと言われています。

　2022年11月，米国に本社を置き世界中で暗号資産取引所を運営していたFTX Trading Limitedが米国連邦破産法第11条の適用を申請しました。いわゆる倒産です。

　同社では分別管理が実施されておらず，顧客から預かった法定通貨や暗号資産が創業者によって流用されているずさんな状況でした。最終的には同社が保有する資産に対して負債が多額に上る状況であり，多くの顧客が法定通貨や暗号資産を出金しようと試みましたが，返還されず，今後も全額が返還される見込みは低いと考えられています。

　一方で同社の子会社であるFTX Japan株式会社については，日本の法令に則り，暗号資産はコールドウォレットにおいて，法定通貨は日本の信託口座において，分別管理を行っていると説明しており，預かった顧客資産は返還される見込みです。

　日本の暗号資産交換業者への法規制は世界でいちばん厳しいと言われ，今までは暗号資産関連ビジネスの成長の観点から様々な議論があったものの，顧客保護の観点から法規制の必要性を世界が実感した事例といえるでしょう。

§8

暗号資産をどう表現する？
―会計処理の考え方―

　§7-6において暗号資産交換業者の財務諸表監査が必要であることを説明しました。それでは暗号資産に関する情報を財務諸表に反映するためのルールはどのようなものなのでしょうか。

　§8では具体的な事例を交えながら，その成り立ちについて説明します。

難しいことは考えずに
全体像を把握しよう。

8-1 暗号資産の会計処理の当面の取扱いとは？

実務上の取扱いとして最小限の項目が示された

　暗号資産は，最近生まれた概念であるため，従来，会計処理が決まっていませんでした。それだけでなく法的位置づけが明らかでなく，規制をする法律もありませんでしたが，2016年に資金決済法が改正され，暗号資産交換業者に対し決算書の公開や財務諸表監査が義務づけられました（**§7**）。

　決算書作成や財務諸表監査をする際，暗号資産の会計処理の統一ルールがないと，会社ごとに異なる会計処理をしてしまい，会社間の決算書の比較ができない，または，決算書を読んだ人の理解を誤らせるといったおそれがあります。そこで**企業会計基準委員会**（日本の会計基準を制定している組織）により「**資金決済法における暗号資産の会計処理等に関する当面の取扱い**」*（以下，「暗号資産会計基準」）が策定され，会計処理の統一ルールが公表されました。

　会計基準が確定されるには，公開草案を公表したうえ，広く意見を公募し，企業会計基準委員会にて意見を検討するというステップで進められます。実務家や現場の意見も取り入れることで，偏ったルールになることを防いでいると言えます。

　なお，暗号資産に関連するビジネスは初期段階にあり，今後の進展を予測することは困難な状況であり，かつ暗号資産の私法上の位置づけも明確となっていません。そこで，今回は「当面の取扱い」として最小限の項目に関する会計処理のみが示されることとなりました。

*　策定当時は「資金決済法における仮想通貨の会計処理等に関する当面の取扱い」

暗号資産に関連する法律や会計基準

法律

明確な法律なし

2017/4/1施行

改正資金決済法

暗号資産とは………

まず暗号資産について
法律を整備し，ルールを
明確にしたんだね。

会計基準

明確な基準なし

2018/3/14公表

暗号資産会計基準
（当面の取扱い）

暗号資産の会計処理は………

次に会計基準を整備！
ただし，暗号資産の
ビジネスも進展するから
『当面の』取扱い！

8-2 暗号資産の会計処理等の適用範囲は？

資金決済法で定義される暗号資産

　改正資金決済法では，暗号資産を次のどちらかに該当するものと定義づけています。

---

① 物を買うときの**決済手段**として使えて，かつ不特定の人を相手に売買ができるインターネット上のもの（日本円，外国通貨およびこれら通貨で表現される資産を除く）

② 不特定の人を相手に①と**交換**ができるインターネット上のもの

　たとえば，ビットコインは，一部の家電量販店で買い物をするときに日本円と同じように決済手段として使うことができます。またビットコインはインターネットで売買もできるため，①に該当し暗号資産となります。

　一方，暗号資産と呼ばれていても決済手段としては使えない銘柄もあります。しかし，①に該当するビットコインなどとの交換が可能で，かつインターネットで売買できる場合は②に該当し，暗号資産になります。

　暗号資産と類似する概念として，電子マネーやプリペイドカードやポイント・サービスが挙げられます。しかし電子マネーやプリペイドカードは法定通貨を磁気等で記録したものであり，転々流通性（§2-8）がないことから暗号資産とは言えません。ポイント・サービスは発行企業が販促活動のために自社または加盟する他の企業でのみ買い物や割引に使えるようにしたものです。加盟していない会社での買い物の決済手段とはならず，また一般にポイントを他人に売ることはできません。したがってポイント・サービスも暗号資産ではありません。

暗号資産の定義

① 物を買うときの決済手段
不特定の人に売買できる
インターネット上のもの

100円のお支払い

××××BTC

② ①と交換できる
インターネット上のもの

買い物に使えないものも，
ビットコインなどと交換できれば，
暗号資産と呼べるんだ！

8-3 既存の会計処理との関係①

暗号資産と外国通貨

暗号資産の会計処理の検討過程で既存の類似する概念との比較が行われました。類似する概念であれば，その既存の会計処理を使えないかということで検討されたのです。具体的に何と比較されたのでしょうか。

まずは**外国通貨**です。外国通貨とは，自国以外の通貨のことで，日本から見ると，米ドルやユーロ，元やウォンなどを指します。

外国通貨と暗号資産には決済手段で保有される等の共通点がある一方，暗号資産は法定通貨ではないという違いもあります。そこで暗号資産を外国通貨として会計処理することは適当でないという結論になりました。

■外国通貨と暗号資産の比較

① 共通点

- 日本円を基準とすると価値が変動する。
- 決済手段で保有されることがある。

② 相違点

- 外国通貨は法定通貨（決済手段としての利用の強制力が法律で定められたもの，§1-4）であるのに対し，暗号資産は基本的に法定通貨ではないとされている（ただし，エルサルバドルはビットコインを法定通貨に採用している，§2-9）。
- 外国通貨はその流通国を基準とすると価値が変動しないが，暗号資産は基準となる国がないためどの国を基準としても価値が変動する。

8-4 既存の会計処理との関係②

暗号資産と有価証券等の金融資産

　次に，有価証券等の金融資産と比較してみるとどうでしょうか。**金融資産**とは，日本では現金預金，受取手形，売掛金や貸付金等の金銭債権，株式その他の出資証券，公社債等の有価証券，デリバティブ取引から生じる正味の債権等の契約上の権利をいいます。また，国際的な会計基準においても金融商品とは金融資産と金融負債を交換する契約と考えられています。これら金融資産に該当すれば，企業会計上，金融商品会計基準に従い会計処理されることとなっています。

　しかし，暗号資産は，「法定通貨ではなく（**§8-3**）」出資証券や契約上の権利，有価証券等でもなく，金融資産に該当しません。そこで，有価証券等の金融資産と暗号資産に，投資目的で保有されること等の共通点がありますが，暗号資産は金融資産として会計処理することは適当でないと判断されました。

■有価証券等の金融資産と暗号資産の比較

① **共通点**
- 資産自体の価値が変動することがある。
- 投資目的で保有されることがある。

② **相違点**
- 暗号資産は株式のような出資証券ではなく，また公社債等のような契約上の権利でもないため，有価証券等の金融資産に該当しない。

暗号資産と有価証券等の比較

有価証券等の性質

金融資産に該当する
（契約上の権利や
出資証券等である）

・資産自体の価値が変動する
・投資目的で保有される

金融資産に該当しない
（他の企業にとって金融負債
または資本性金融商品を
生じさせる契約で生じた
資産ではない）

暗号資産の性質

金融資産に該当しないから，
金融商品の会計処理を
そのまま使えないんだね。

8-5 既存の会計処理との関係③

暗号資産と棚卸資産

　暗号資産と類似する第三の資産として**棚卸資産**が挙げられます。棚卸資産とは，会社の事業のために所有し，売却を予定する資産をいいます。暗号資産利用者が投資目的で保有する場合は，**トレーディング目的で保有する棚卸資産**（時価変動で利益を得ることを目的に保有する棚卸資産，金地金が代表的）に類似します。また暗号資産交換業者が営業で販売するために保有する場合は，**通常の販売目的で保有する棚卸資産**と類似します。

　棚卸資産と暗号資産には下表の①のような共通点がありますが，②のような相違点もあるため，暗号資産を棚卸資産の会計処理と全く同じように扱うことは不適切と判断されました。

■棚卸資産と暗号資産の比較

	それぞれをトレーディング目的（投資目的）で保有する場合	それぞれを販売目的（営業用）で保有する場合
①共通点	●時価による変動がある ●時価変動により利益を得ることが目的	●保有目的は営業目的を達成するためである ●売却を予定している
②相違点	●暗号資産は決済手段として用いることができる	

暗号資産と棚卸資産の比較

トレーディング目的の
棚卸資産の性質

投資目的で保有する
暗号資産の性質

・事業のために使
　われるのみで，
　決済手段にはな
　らない

・トレーディング
　目的で所有
・時価が変動する

・決済手段と
　して使える

通常の販売目的の
棚卸資産の性質

暗号資産交換業者が
営業目的で保有する
暗号資産の性質

・事業のために使
　われるのみで，
　決済手段には
　ならない

・営業目的で
　所有
・売却が予定
　されている

・決済手段と
　して使える

暗号資産の会計処理に
棚卸資産の処理をそのまま
使うことはできないんだ。

8-6 既存の会計処理との関係④

暗号資産と無形固定資産

　会計上の**無形固定資産**とは，具体的な形として実体がない資産を指します。実体がないといえば，ソフトウェアも実体がなく無形固定資産に該当します。他にも特許権や商標権などの権利も実体がないため無形固定資産として扱います。

　無形固定資産と暗号資産には実体がないという共通点がありますが，使用目的が異なるという相違点もあるため，暗号資産は無形固定資産の会計処理と同じように扱うことは不適切と判断されました。

■無形固定資産と暗号資産の比較

① **共通点**

- 実体のない財産的価値である。

② **相違点**

- 無形固定資産は事業のために長期にわたって使用されることが想定されている。暗号資産は，トレーディング目的（その他決済や営業目的で売買）でも保有する資産であり，長期にわたりその物自体を使用するものではない。

　§8-3からこの§8-6まで様々な類似する概念と比較してきましたが，暗号資産はいずれにも該当しないため，独自の会計基準を策定することとなりました。具体的な会計処理については§9で解説します。

暗号資産と無形固定資産の比較

無形固定資産の性質

■ 事業のために長期使用
　ソフトウェア，特許権など

スッキリ会計
Ver
3.1

■ 実体がない

見えない…

■ トレーディング
　目的等で保有する
■ 決済手段として
　使用する

暗号資産の性質

暗号資産の会計処理に
無形固定資産の処理を
そのまま使うことは
できないんだね。

8-7 暗号資産会計基準の適用範囲は?

4人の登場人物と役割をおさえておこう

暗号資産会計基準に登場する主な人物と役割は,以下のとおりです。

暗号資産交換業者	暗号資産取引所や暗号資産販売所(**§3-1**)などの暗号資産交換に関連する会社。暗号資産の売買・管理やトレードする市場を提供するなど幅広い役割をもつ。
暗号資産利用者	一般の利用者。暗号資産を売買しようとする個人・法人。
暗号資産発行者	暗号資産を発行する者。暗号資産の発行やICO等により市場に新たな暗号資産を流通させる。
マイナー	マイニングという計算競争(**§4-6**)に勝ち,暗号資産を獲得する者。獲得した暗号資産を市場に流通させることもある。

暗号資産会計基準では,必要最小限の会計処理の取扱いのみが定められました(**§8-1**)。

このため暗号資産会計基準の対象となっているのは,暗号資産交換業者と暗号資産利用者に限られています。

暗号資産発行者やマイナーに係る取引については,法的位置づけが定まっていないこともあり,現在の暗号資産会計基準では,対象外となっています。今後,関係者の要望状況をふまえ,会計基準が整備されることが考えられます。

暗号資産会計基準に登場する人物

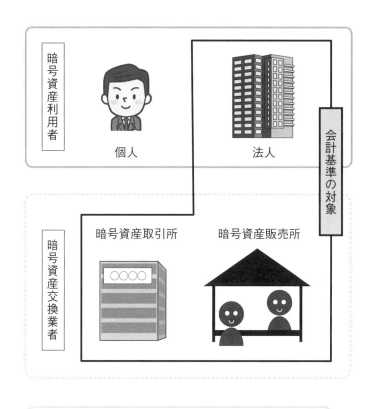

暗号資産利用者

個人

法人

会計基準の対象

暗号資産交換業者

暗号資産取引所

暗号資産販売所

暗号資産発行者

マイナー

会計基準の対象外

遊んで稼げる？

　Play to Earnという言葉を聞いたことはあるでしょうか。「遊んで稼ぐ」という意味ですが，主にブロックチェーン技術を用いたゲームをプレイして暗号資産やNFTを獲得し，売却益を得ることです。

　2022年にはSTEPNという，「歩いてお金を稼ぐ」をコンセプトにしたゲームが流行しました。初期投資としてアプリ上でNFTスニーカーを購入すれば，歩いた時間や距離に応じて暗号資産を獲得することができます。1日に歩ける時間はNFTスニーカーの数や性能によって決められるため，高い性能を持つNFTスニーカーほど高価で取引されます。

　STEPNは歩くだけでプレイできるというわかりやすさから徐々に話題となり，暗号資産に今までなじみがなかった層にも広まりました。そしてどんどん人が集まったことで，ゲーム独自の暗号資産であるGSTの価格は2022年4月頃に急騰し一時期1,000円を超えました。一説によれば当時1日1時間程度歩くだけで数万円を稼ぐことができ，NFTスニーカーの価格も高いもので1,000万円を超えるものがあったとか。

　しかしブームは長く続かず，その1か月後にはGSTの価格は急落し，2023年3月にはわずか3円にも満たない価格となってしまいました。高い価格でNFTスニーカーを購入してしまった後発のゲーム参加者は，現在の暗号資産の価格では何年歩き続けても初期投資額を回収できない状態となっています。「遊んで稼ぐ」ことができたのは，先発のゲーム参加者，それも一時の夢というわけだったのです。何事もそうはうまくいきませんね。

§9

暗号資産の会計処理

§8で見た通り，暗号資産は，それまでのどの資産とも異なる性質を持ちます。この独特な暗号資産はどう，会計処理すべきでしょうか。

どうすれば
いいんでしょう？

9-1 自己資産である暗号資産の期末の評価方法①

評価方法は保有目的による

　暗号資産を自己資産として保有するのは，①暗号資産利用者と②暗号資産交換業者に分類されます。①の保有目的は，主として投資目的であり，その他決済手段として保有する場合もあります。②の保有目的は，主として暗号資産販売所を通じて売却するためであり，一時的な保有です。

　これらの評価方法はどうあるべきでしょうか。そのヒントとして一般的な資産の評価方法を考えてみましょう。資産の評価方法には，時価評価と取得原価による評価があります。たとえば，時価の変動ではなく，事業活動を通じた資金の獲得を目的とする資産（通常の販売目的で保有する棚卸資産や製造設備など）は取得原価で評価します。一方，客観的な時価があり，時価の変動で利益を得ることを目的とする資産（売買目的有価証券やトレーディング目的で保有する棚卸資産など）は時価で評価されます。ただし，直ちに売買・換金を行うことに事業遂行上等の制約がある資産については時価で評価しないケースもあります。

　このように，**資産の評価方法は，資産の保有目的や資産のおかれた状況で決められることが一般的**です。暗号資産の場合もこのように考えてみるとよさそうです。

　では，暗号資産会計基準で，評価方法はどのように定められているのか§9-2で具体的に見てみましょう。

自己資産として暗号資産を保有するのは？

■自己資産として暗号資産を保有するのは，誰で，どのような目的か？

保有者	主な保有目的
暗号資産利用者 個人　　　法人	●投資による利益の獲得 ●決済手段として利用
暗号資産交換業者	●取引所や販売所での取引による売却益の獲得

保有目的から考えると，暗号資産がいくらで取引できるのか，つまり，時価での評価に関係ありそうだね！

9-2 自己資産である暗号資産の期末の評価方法②

活発な市場が存在する場合

資産の評価方法は，資産の保有目的や資産のおかれた状況で決められることが一般的です（§9-1）。暗号資産会計基準でも，評価方法制定にあたり，資産の保有目的等が検討されましたが，その際，**暗号資産に活発な市場が存在する場合と存在しない場合に分けて考えられました。**

活発な市場（§9-5）が存在する暗号資産の保有目的は，主として2つ想定されます。1つは，時価の変動による売却利益の獲得や決済手段として利用すること，もう1つは，暗号資産交換業者が暗号資産販売所を営む業務の一環して保有することです。いずれも価格変動リスクを負担し，時価の変動により利益を得ることを目的としています。

そこで，活発な市場が存在する暗号資産は，市場価格に基づいて期末の評価を行うことになりました。**具体的には貸借対照表価額は市場価格に基づく価額とし，市場価格と帳簿価額の差額は損益として処理**します。

 Check! 法人税法上の暗号資産の期末評価

2019年度税制改正後は，法人税法上も会計と同じく活発な市場が存在する場合は，期末に時価評価することとなりました。

法人税の場合は個人の所得税と異なり（§10），損益が実現しなくても含み損益の段階で課税されます。たとえば期末時に評価益が出ていた後に暗号資産の価格が暴落しても，課税されることになります。

活発な市場が存在する暗号資産の期末評価

■前提

1. 3月決算会社である暗号資産利用者のA社はX1/4/1に暗号資産を1,000万円で100単位（@10万円）購入
2. この暗号資産には活発な市場があり，A社の取引実績が最も大きい取引所の取引価格は，X2/3/31が@18万円，X3/3/31が@15万円であった
3. この場合の購入時および期末時の会計処理はどのようになるか？

■仕訳例

(単位：万円)

会計処理				
X1/4/1				
購入	（借）暗号資産　1,000		（貸）現金預金　1,000	
X2/3/31				
期末評価	（借）暗号資産　800 800万円＝100単位×（18万円－10万円）		（貸）暗号資産評価益　800	
X3/3/31				
期末評価	（借）暗号資産評価損　300 ▲300万円＝100単位×（15万円－18万円）		（貸）暗号資産　300	

評価損益は
各期の損益計算書
に計上される！

9-3 自己資産である暗号資産の期末の評価方法 ③

活発な市場が存在しない場合

　暗号資産のなかには，**活発な市場が存在しない**（§9-5）ものもあります。こうした暗号資産は，時価を客観的に把握することが困難な場合が多く，また時価でただちに売買や換金をすることに制約があります。このような場合，時価の変動を企業活動の成果としてとらえることは適切でないと考えられます。そこで活発な市場が存在しない暗号資産は，**取得原価を貸借対照表価額**とすることとされました。

　さて，日本の会計基準では，取得原価で評価する資産の収益性が低下した場合，将来へ損失を繰り延べないように回収可能価額まで帳簿価額を引き下げる会計処理が行われます。暗号資産の場合も考え方は同じです。期末の処分見込価額＜取得原価の場合は収益性が下がったととらえ，処分見込価額（時価−処分見込費用）を貸借対照表価額とし，取得原価との差額は損失として処理します。この際の処分見込価額の見積りは，第三者との相対取引による取引価額など，資金の回収が確実な価額に基づいて決定されますが，見積りが困難な場合は，ゼロまたは備忘価額とすることとされました。

　なお，過去の簿価切下額を戻入れするか否かについては，切放し法（戻入れを行わない）と洗替え法（戻入れを行う）がありますが，暗号資産の場合，**切放し法のみ**とされました。活発な市場がない暗号資産は，取引形態や価格形成のしくみが不明確であるため，保守的な考えをとることになったのです。

活発な市場が存在しない暗号資産の期末評価

■前提

1. 3月決算会社である暗号資産利用者のA社はX1/4/1に暗号資産を1,000万円で100単位（@10万円）購入

2. この暗号資産には活発な市場は存在せず，処分見込価額はX2/3/31が@7万円，X3/3/31が@12万円であった

3. この場合の購入時および期末時の会計処理はどのようになるか？

■仕訳例　　　　　　　　　　　　　　　　　　　　　　（単位：万円）

会計処理				
X1/4/1				
購入	（借）暗号資産	1,000	（貸）現金預金	1,000
X2/3/31				
期末評価	（借）暗号資産評価損　300　　（貸）暗号資産　　　　　300 ▲300万円＝100単位×（7万円－10万円）			
X3/3/31				
期末評価	仕訳なし			

評価損を計上した後で
処分見込価額が上昇しても
戻入れは行われない！

9-4 預かり暗号資産の会計処理

資産だけでなく**負債**も認識する

　暗号資産交換業者は，顧客から暗号資産の預託を受ける場合があります。預かった資産を受託者が会計上の資産として計上するか否かについては，従来の会計慣行では，受託者への法律上の権利の移転を判断基準としています。

　暗号資産は法律上の位置づけが不明確です。しかし，現金と同様に個別性はありません。また，暗号資産交換業者は取引に必要な秘密鍵も保管しているため，自らが保有しているのと同様に顧客の暗号資産を自由に処分することが可能です。さらに暗号資産交換業者が倒産した場合に預託者が暗号資産を取り戻せるか否かについても不明確な状況です。

　暗号資産会計基準では，こうした点，また，自己資産と預かり資産の暗号資産との同質性を重視しました。そこで現金の預託を受ける場合と同様の処理をとるべきと考えました。具体的には，**暗号資産交換業者は預託を受けた時点の時価で預かった暗号資産を資産として計上し，預託者への返還義務として資産と同額を負債として計上**します。

　預かった暗号資産は，自己の暗号資産とは分離したうえで期末評価を行いますが，評価方法は自己が保有する場合と同様です。つまり，活発な市場が存在する場合には時価評価し，活発な市場が存在しない場合には取得原価で評価します。

　ただし，時価の変動リスクは預託者が負うものです。つまり，預かった暗号資産の期末評価で暗号資産交換業者の損益が生じるのは適切ではなく，負債も資産と同額にすることとされました。

預かり暗号資産の会計処理

■前提

1. 3月決算会社である暗号資産交換業者のA社はX1/4/1に顧客から活発な市場が存在するY暗号資産100単位（預託時の時価@10万円，評価額1,000万円）を預託された

2. A社はX1/10/1に顧客から活発な市場が存在しないZ暗号資産50単位（預託時の時価@2万円，評価額100万円）を預託された

3. A社は期末日であるX2/3/31に上記暗号資産を引き続き預かっている。Y暗号資産の時価は@15万円，Z暗号資産の時価は@3万円である

4. 処分見込費用は軽微であり，時価＝処分見込額とみなす

5. この場合の預託時および期末時の会計処理はどのようになるか？

■仕訳例

(単位：万円)

会計処理	
X1/4/1	
Y暗号資産の預託	（借）顧客暗号資産 1,000　（貸）預かり暗号資産 1,000
X1/10/1	
Z暗号資産の預託	（借）顧客暗号資産　100　（貸）預かり暗号資産　100
X2/3/31	
Y暗号資産の期末評価	（借）顧客暗号資産　500　（貸）預かり暗号資産　500 500万円＝Y暗号資産100単位×（15万円－10万円）
Z暗号資産の期末評価	仕訳なし

預かり暗号資産の評価からは損益が計上されないんだよ！

9-5 暗号資産の時価とは ①

活発な市場が存在するか否かの判断基準

　活発な市場とは，どういう状態を指すのでしょうか？　我が国の会計基準では，「市場」は，取引所およびこれに類する市場のほか，いつでも売買・換金を行うことができる取引システム等が含まれるとされています。そう考えると，暗号資産取引所または暗号資産販売所は，市場に含まれると考えられます。そこで問題は，「活発な」がどの程度かということになります。

　暗号資産会計基準では，棚卸資産会計基準，金融商品実務指針，国際的な会計基準を参考に，活発な市場が存在するとは，「暗号資産交換業者又は暗号資産利用者の保有する暗号資産について，**継続的に価格情報が提供される程度に暗号資産取引所又は暗号資産販売所において十分な数量及び頻度で取引が行われている**場合」と定義しました。

　この判断は，保有する暗号資産の実態に応じる必要があります。たとえば，合理的な範囲内で入手できる価格情報が暗号資産取引所または暗号資産販売所ごとに著しく異なっている場合や，売手と買手の希望価格差が著しく大きい場合は，市場は活発でないと判断されます。

　市場が活発か否かの判断が変更される場合に期末の評価方法が変わります。たとえば「活発な市場なし→あり」に変わる場合は，その後の期末評価は時価で行うことになります。一方，「活発な市場あり→なし」に変わる場合は，変更前，最後の時価を取得原価とし，評価差額は当期の損益にします。

活発な市場が存在するかどうかの判断

継続的に価格情報が提供される程度に，暗号資産取引所または暗号資産販売所において十分な数量および頻度で取引が行われているか否かで判断する

種類	取扱取引所数	取引数量	取引頻度	その他考慮要因
A	多数	非常に多い	非常に多い	取引所間の価格差はほとんどない
B	2取引所	少ない	少ない	取引所間の価格差が大きい
C	1社のみ	極めて少ない	極めて少ない	売手と買手の希望価格に大きな差がある

Aは活発な市場が存在すると判断されるだろうね。
BとCは活発な市場が存在しないと判断される可能性が高そうだね。

暗号資産の時価とは②

9-6

市場価格が複数ある場合の取扱い

　活発な市場が存在する場合，市場価格に基づく価格を時価としますが，暗号資産の多くは，複数の暗号資産取引所または暗号資産販売所で取り扱われています。これにより**市場価格が複数存在する場合，どの市場価格を時価とすればよいでしょうか？**

　金融資産やデリバティブ取引においては，反証できる場合を除き，「企業が取引を通常行っている市場」での価格を使用することとされています。

　暗号資産の場合，現時点では，「海外も含めた各暗号資産の取引が最も活発に行われている市場」を網羅的に把握することは困難です。そこで暗号資産会計基準では，活発な市場が存在する場合の市場価格を「**自己の取引実績が最も大きな暗号資産取引所又は暗号資産販売所における取引価格**（取引価格がない場合は暗号資産取引所の気配値または暗号資産販売所の提示する価格）」としました。

　なお，暗号資産交換業者は自ら運営する暗号資産取引所および暗号資産販売所での取引実績が最も大きい場合には，そこでの取引価格が公正な評価額を示している場合に限り，これを市場価格として使用することが可能です。

複数の時価がある場合，どれを時価とするか？

同じ暗号資産でも，複数の取引所で取り扱われる場合，時価が複数になる場合がある。その場合，どの時価をとるかというと…

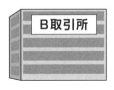

9-7 売却取引の表示

総額にすべきか，純額にすべきか

　ここまでは，暗号資産の取得時や期末時の取扱いについて見てきました。§9-7では，暗号資産売却時の損益計算書での表示について考えてみましょう。

　売却時の表示については，**総額**にするか**純額**にするかという論点があります。総額表示というのは，売却収入と売却原価をそれぞれ表示するもの，純額表示というのは，売却収入から売却原価を差し引いた純額を表示するものです。いずれが適切であるかは，取引の性質に依存します。総額表示によると企業の取引規模を示すことが可能となり，純額表示では企業の活動成果としての損益を端的に示すことが可能になります。

　暗号資産利用者は時価の変動による利益の獲得や決済手段として暗号資産を売却すると想定されています。また，暗号資産交換業者は差益の獲得を目的として反復的・短期的に暗号資産の売買を行っています。このため，いずれも売却取引を総額で表示するよりも獲得した差益のみを純額で表示する方が企業活動の成果をより適切に表示していると考えられます。

　以上の理由から，**暗号資産の売却取引が行われた場合**，売手は売却収入から売却原価を控除して算定した**純額を損益計算書に表示**するとされました。

暗号資産の売却取引の表示

■前提

1. ３月決算会社である暗号資産利用者のA社はX1/4/1に暗号資産を1,000万円で100単位（@10万円）購入

2. X2/1/31に上記暗号資産のうち80単位を1,200万円（@15万円）で売却

3. この場合の会計処理はどのようになるか？

■仕訳例

(単位：万円)

会計処理				
X1/4/1				
購入	（借）暗号資産	1,000	（貸）現金預金	1,000
X2/1/31				
売却	（借）現金預金	1,200	（貸）暗号資産	800
			暗号資産売却益	400
	800万円＝80単位×10万円			
	400万円＝1,200万円－800万円			

暗号資産の
売却損益は純額で
計上されるんだ！

9-8 売却取引の認識時期

約定日基準か受渡日基準か

　暗号資産の売却取引の認識時期については，どう考えればよいでしょうか。

　従来の日本の会計基準では，売却損益の認識時点に関する判断基準として，売買の合意が成立した時点で売却損益を認識する**約定日基準**と引渡時に売却損益を認識する**受渡日基準**の2つが存在していました。

　暗号資産の売買取引は，暗号資産の種類や暗号資産交換業者によって取引情報が記録されるプロセスが異なることが一般的です。一方で，売買の合意が成立した時点で売手は売却した暗号資産の価格変動リスク等から実質的に解放されることになります。この時点で暗号資産の取引から得られる企業活動の成果は確定しており，売却損益の認識が可能になると考えられます。また，受渡日基準にすると，実務上，売却損益の認識時点が一つには定まりません。約定日基準なら判断の多様性を排除することが可能です。

　このため，**暗号資産の売却損益**は，売買の合意が成立した時点，すなわち**約定日基準で認識**することとされました。

暗号資産の売却取引の認識時期

■暗号資産の売却取引においては，約定日基準がとられた

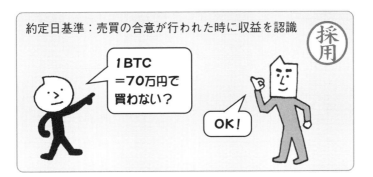

約定日基準：売買の合意が行われた時に収益を認識

受渡日基準：財の引渡日に認識

暗号資産の売却取引は
約定日基準で認識する。
たとえば取引所で暗号資産を
売却した場合は売り注文が
確定した時点で損益が
認識されるんだね！

9-9 暗号資産に係る注記

暗号資産利用者も暗号資産交換業者も注記が必要！

　暗号資産は，通常，価値の裏付けがないため，保有に伴う価格変動リスクが外国通貨や金融資産と比較して大きいとされています。また取引のしくみに内在するリスクは暗号資産の種類ごとに異なると考えられています。さらに，暗号資産の種類によっては，取引所により異なる価格が形成される可能性があります。このため，期末に保有する暗号資産の種類ごとの数量で貸借対照表価額等の情報を開示することが財務諸表利用者にとって有用とされ，注記が義務づけられました。

　注記すべき事項は下記のとおりです。

(1)　期末日において保有する暗号資産の貸借対照表価額の合計額

(2)　暗号資産交換業者が預託者から預かっている暗号資産の貸借対照表価額の合計額

(3)　期末日において保有する暗号資産について，活発な市場が存在する暗号資産と活発な市場が存在しない暗号資産に分け，暗号資産の種類ごとの保有数量および貸借対照表価額（貸借対照表価額が僅少な暗号資産については，集約記載が可）

　なお，残高に重要性がない場合，注記の省略が可能です。これは，暗号資産利用者の場合は期末日に保有する暗号資産の合計額が資産総額と比較して重要でない場合，暗号資産交換業者の場合は期末日に保有する暗号資産と預かり暗号資産の合計額が資産総額と比較し重要でない場合です。

暗号資産の注記

■暗号資産利用者の注記例

	活発な市場	種類	数量	貸借対照表価額
自己保有	あり	A	100	100,000
		B	20	5,000,000
		C	500	80,000
		計		5,180,000
	なし	D	1,000	1,000
		計		1,000
	合　計			5,181,000

暗号資産交換業者の場合は，自己保有と預託を分けて開示する必要があるよ！要注意！

COLUMN

個人がマイニング（採掘）する方法

　個人が暗号資産のマイニングを行う手段は2種類（クラウドマイニングと自宅マイニング）あります。

　クラウドマイニングはクラウドでマイニングする方法……ではありません！　マイニング事業者が有する計算量の権利の一部を購入することで，マイニング事業者が得た報酬を権利の持分に応じて受け取る，という方法です。

　自宅マイニングは，自分のパソコンから直接マイニングすることをいいます。ただし，通常用途のパソコンは，プロ集団が有する専用マシンより圧倒的に計算量が低いため，利益を得るには専用マシンが必要です。ただし，マイニング中はマシンを常時起動させますから，電気代がかかるうえ，膨大な計算処理を実行させるため，マシンに相当の熱が発生します。マシンが置かれている部屋はエアコンで冷却しなければ熱暴走の危険があります。また，マシン自身にも冷却装置である送風ファンが必要ですが，送風ファンからはまるで掃除機をつけているような騒音が発生します。

　自宅マイニングは初期投資費用，騒音，電気代の三重苦を乗り越えられる猛者の世界です。なかには，マイニングの競合が少ない不人気な暗号資産（通称，草コイン）をせっせと自宅マイニングしているマニアもいるとか。

省エネ・省音タイプの
マシンが発売されたら，
自宅マイニングやってみたい！

§10

暗号資産の所得税

個人が暗号資産による取引をした場合には，現金化される前にその取引による所得が認識され，所得税が課される場合があります。確定申告が不要なサラリーマン等は申告納税制度に慣れていないので，申告漏れをしてしまうことも考えられます。

§10では暗号資産の取引にかかる所得税について説明します。

儲けたと思っていたのに，
こんな時点で所得税が
課税されるとは
知らなかった。
納税どうしよう…

10−1 暗号資産を取得した場合

暗号資産の取得価額の評価方法は２種類ある

　暗号資産を売却したときには所得計算が必要ですが，そのために１単位当たりの取得価額を把握する必要があります。これには，「取得価額の範囲をどこまでにするか」という話と，「取得が複数回に及び，価額にばらつきがある際の取得価額の算定をどうするか」という話があります。

　まず，範囲については，原則，購入価額に付随費用を取得価額に含めます。代表的な付随費用としては支払手数料があります。

　次に，同一の暗号資産を複数回購入する場合の取得価額の評価方法は，移動平均法と総平均法を選択できます。ただし，移動平均法を選択する場合には所轄税務署への評価方法の届出書の提出が必要になります。

　移動平均法とは，購入の都度，平均単価を計算するものです。一方，総平均法とは年末にまとめて平均単価を計算するものです。取得価額算定の手間という点では，年に１回でよい総平均法の方が簡単です。

🔑 Key Word　マイニングで暗号資産を取得したら？

　暗号資産の取得は，購入のほか，マイニングによる場合もあります。個人がマイニングをした場合の取得価額は，取得時の時価となります。所得計算にあたっては，この取得価額が収入となり，必要経費を引いて計算します。所得の区分は，事業所得または雑所得です。多額な設備投資をし事業としてマイニングを行う場合には事業所得として，それ以外は雑所得（§10-6）として課税されます。

取得価額の計算方法

【前提条件】
A氏の暗号資産Xの取引事例が下記の場合，移動平均法・総平均法それぞれの1単位当たりの取得価額はいくらになるか。

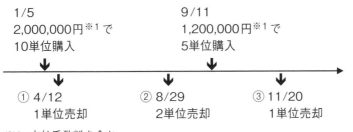

1/5
2,000,000円※1で
10単位購入

9/11
1,200,000円※1で
5単位購入

① 4/12
1単位売却

② 8/29
2単位売却

③ 11/20
1単位売却

※1　支払手数料を含む

移動平均法	① および ② : 200,000円 （＝2,000,000円÷10単位）

③：216,666円

$$\left(= \frac{200,000円 \times 7単位 + 1,200,000円}{7単位 + 5単位} \right)$$

※7単位＝10単位－（1単位＋2単位）

総平均法	いずれも：213,333円

$$\left(= \frac{2,000,000円 + 1,200,000円}{10単位 + 5単位} \right)$$

暗号資産を購入した場合には
所得の課税に備えて
取得価額を把握することが肝心。
算定方法は2つ。

10-2 暗号資産を売却した場合

日本円に換金した際には，確定申告が必要！

　保有する暗号資産を売却（日本円に換金）し，その売却価額が暗号資産の取得価額より多い場合には，その差額が所得金額となり，所得税が課税されます。

　その際の所得税は，原則，**雑所得**（§10-6）とされます。ただし，その年の暗号資産取引に係る収入金額が300万円を超え，暗号資産取引に係る帳簿書類の保存がある場合は原則として事業所得とされます。

　また，その暗号資産取引が事業所得等の基因となる行為に付随したものである場合（例　事業所得者が，事業用資産として暗号資産を保有し，棚卸資産等の購入の際の決済手段として暗号資産を使用した場合）にも，事業所得とされます。

　所得税は，前年1年間に生じた所得について，翌年2月15日から3月15日までの間に確定申告書を所轄税務署に提出し，税金を支払う必要があります。

　ただし，暗号資産の売却による雑所得がある場合でも，年末調整済みの給与所得者については，その雑所得の金額と他の所得の合計額が20万円以下である場合には確定申告は不要です。また，暗号資産による取引が赤字となる場合には，他の雑所得と内部通算をし所得金額を少なくするケースを除き，確定申告は必要ありません。

暗号資産を売却した場合の所得

【前提条件】
A氏の暗号資産Xの取引事例が下記の場合，所得はいくらになるか？
※年間で暗号資産Xの取引は，下記のみである。

```
1/5
2,000,000円
（支払手数料を含む）で
10単位購入
  ↓
```

```
      4/12        売却時に
      220,000円で   所得税課税
      1単位売却
```

売却時の所得金額の計算
　1単位当たり取得価額：2,000,000円 ÷ 10単位 ＝ 200,000円
　所得金額：220,000円 － 200,000円 × 1単位 ＝ 20,000円

🔑 Key Word　所得税の申告と加算税

　個人の暗号資産の取引は原則として確定申告をしなくてはなりません。申告をしなかった場合にはペナルティーとして本来の所得税額にプラスして，無申告加算税（本税× 5 ％〜20％）と延滞税（滞納期間の利子相当額）が課税されます。悪質な所得隠しの場合には，無申告加算税に代えて重加算税（本税×40％）が課税されます。「知らなかった」「忘れていた」では済まされません。

10-3 暗号資産で買い物をした場合

現金を取得したわけでもないのに所得税がかかる

　最も代表的な暗号資産であるビットコインでは，これを使って買い物ができる店が出てきました（§3-7）。ビットコインが取得時より値上がりした場合には，「うまくやった！」と思うかもしれませんが，意外な落とし穴があります。それは，**暗号資産で買い物をした場合，所得税がかかる**ということです。

　これは，税務上，**暗号資産を商品やサービスに換えたことにより経済的利益の獲得が確定したと判断される**からです。具体的には，商品購入時の暗号資産の時価が暗号資産の取得価額よりも高い場合には，その両者の差額が所得金額となります。これは原則，雑所得として課税されます。逆に，商品購入時の暗号資産の時価が暗号資産の取得価額よりも低い場合には損失として認識し，他の雑所得がある場合にはその所得と内部通算できます。

　暗号資産で買い物をする場合の所得は，他の暗号資産との交換の場合（§10-4）と比べると，数百万円，数千万円という所得が生じることは通常なく，所得税が多額にならないと考えられますが，確定申告は必要です。このためにも暗号資産で買い物をした場合の領収書等の保管は重要です。これがないと所得計算ができません。

暗号資産で商品を購入した場合の所得は？

【前提条件】
A氏の暗号資産Xの取引事例が下記の場合，所得はいくらになるか？
※年間で暗号資産Xの取引は，下記のみである。

1/5
2,000,000円（支払手数料含む）で
暗号資産Xを10単位購入

4/12
220,000円の商品を
暗号資産X1単位で購入

暗号資産X
当店で使えます。

今日のレートは
1単位＝**22**万円

暗号資産を22万円で
売ったのと同じ効果になるので
課税されるんだね。

購入時の所得金額の計算
　1単位当たり取得価額：2,000,000円÷10単位＝200,000円
　所得金額：220,000円－200,000円×1単位＝20,000円

10-4 暗号資産を交換した場合

交換を検討する際には所得税の計算も重要

　暗号資産を他の暗号資産と**交換**する場合があります。たとえばビットコインをイーサリアムと交換するというような場合です。この場合にも，保有する暗号資産を他の暗号資産の購入に使用したととらえ，課税されます。§10-3の場合と同様で，**暗号資産の交換により，経済的利益の獲得が確定したと判断される**からです。

　具体的には，入手する暗号資産の時価総額（購入価額）が引渡す暗号資産の取得価額より高い場合には，差額が所得金額となります。所得税の計算上，原則，雑所得として課税されます。

　現金化していないにもかかわらず，所得税を支払わなくてはいけないので，納税資金を工面しなくてはなりません。最近の暗号資産の値上がりを考えると，交換時の値上がり額が数百万円，数千万円になり，相当の納税額になることもあります。したがって暗号資産の交換を考える場合には，まずは税額のシュミレーションを行うことが肝要です。

　逆に，入手する暗号資産の時価総額（購入価額）が引渡す暗号資産の取得価額より低い場合には，損失として認識し，他の雑所得がある場合にはその所得と内部通算することが可能です。

　なお，入手した暗号資産の取得価額の算定は，新規に購入した場合と同様に考えます。つまり交換時の時価相当額が取得価額となります。それは引き渡した暗号資産の経済的利益の課税が完了しているためです。

暗号資産を交換した場合の所得

【前提条件】

A氏の暗号資産Xの取引事例が下記の場合，所得はいくらになるか。

※年間で暗号資産の取引は，下記のみである。

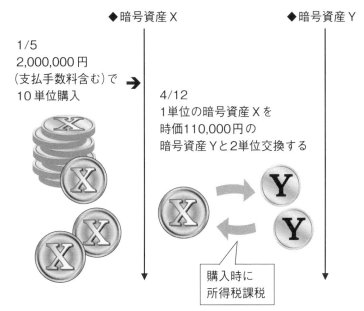

◆暗号資産X　　　　　　　　　　　◆暗号資産Y

1/5
2,000,000円
（支払手数料含む）で
10単位購入

4/12
1単位の暗号資産Xを
時価110,000円の
暗号資産Yと2単位交換する

購入時に
所得税課税

交換時の所得金額の計算

　1単位当たりの取得価額：2,000,000円÷10単位＝200,000円

　所得金額110,000円×2単位－200,000円×1単位＝20,000円

交換しただけなのに
多額の税金を
払わなければならない。

10-5 暗号資産が分岐した場合

新暗号資産の取得価額はゼロとなる

　暗号資産が**分岐**する（ハードフォーク）と，従来と同量の暗号資産が生じます。たとえば，2017年にビットコインの分岐により，ビットコインキャッシュが生まれました。生まれた暗号資産は，分岐前の暗号資産の保有者が取得することになります（§6-7）。

　この取得に際し，お金がやりとりされるわけではなく，取得は無償で行われます。しかも新暗号資産は取引相場で売買することができるのです（§6コラム）。つまり，分岐前の暗号資産の保有者は，経済的価値のあるものを無償で取得したとも考えられます。この場合の課税関係はどうなるのでしょうか？

　経済的価値のあるものを法人から無償で取得した場合には，所得税ではその取得時の時価を所得金額として税金を計算します。しかし，分岐により取得した新たな暗号資産は，分岐時点では取引相場が存在しないので，経済的価値がなかったものと考えられます。したがって，**取得時には所得は生じず（取得価額＝0円），保有している限りは所得税は課税されません。**

　所得税が課税されるのは，その後，売却（§10-2），買い物（§10-3），交換（§10-4）等の取引があった場合の経済的利益の獲得が確定した時点になります。

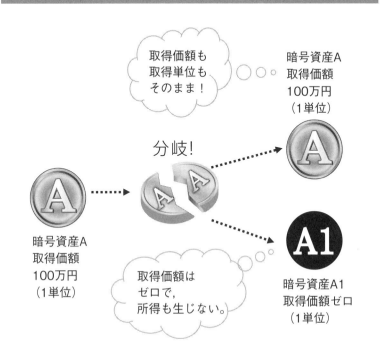

暗号資産が分岐した場合

暗号資産A1は，無償で取得するが保有している限り所得は生じない。
暗号資産A1を売却，決済使用，交換した場合に初めて，所得税が課税される。

10-6 暗号資産の取引による所得税①

原則，雑所得として総合課税

　暗号資産による取引は，原則，雑所得です（§10-2）。雑所得には，**分離課税制度**（税額計算にあたり，他の所得区分の所得と合算しない）と，**総合課税制度**（税額計算にあたり，他の所得区分の所得と合算する）がありますが，暗号資産の取引は，総合課税制度です。

　この2つの課税制度の違いは，所得の算定方法だけではありません。所得にかける税率が異なってきます。分離課税の税率が一定（住民税と合わせ20%）であるのに対し，総合課税は所得に応じ税率が上がる**超過累進税率**が適用されます。

　暗号資産と同様に財テクで株式を譲渡する場合がありますが，この場合は，譲渡所得で分離課税制度になります。仮に得られた所得が同じでも，課税方法が異なると税金は異なります。どのような違いがあるか，右ページで見てみましょう。

 Key Word　証拠金取引

　暗号資産には，FX（外国為替証拠金取引）に類似する証拠金取引があります。両者は現物取引でないという点で共通しますが，所得税の取扱いが異なります。つまり，暗号資産の証拠金取引が現物取引と同様で雑所得の総合課税であるのに対し，FXにより生じた所得は雑所得ですが，申告分離課税です。暗号資産の証拠金取引は総合課税のため，他の雑所得と損益を内部通算できる（§10-7）こと，FXは税率が一律（住民税含め20%）であることが，それぞれの特色です。

株式と暗号資産，同じ所得でも税金が大違い!?

株式と暗号資産で1億円の所得がある場合の税金を比べてみよう！
※両者とも，他に所得はないとする。

> 所得に
> 一律20％を
> かける！

株式譲渡
（分離課税）　　$100,000,000円 × 20\% = 20,000,000円$

2千万円以上違う！

暗号資産取引　　$100,000,000円 × {}^{※1}45\% - {}^{※2}4,796,000円$
（総合課税）　　$= 40,204,000円$

> 所得が高いと
> 税率も高い！

■総合課税の速算表

所得金額	税率	控除額
195万円以下	5%	0円
195万円超330万円以下	10%	97,500円
330万円超695万円以下	20%	427,500円
695万円超900万円以下	23%	636,000円
900万円超1,800万円以下	33%	1,536,000円
1,800万円超4,000万円以下	40%	2,796,000円
4,000万円超	※1 45%	※2 4,796,000円

税額＝所得金額 × 税率 － 控除額

10-7 暗号資産の取引による所得税②

所得税の計算で留意すべきこと

① 損益通算

　所得税では，不動産所得・事業所得・山林所得・譲渡所得の各所得区分に係る損失の金額は，他の所得区分の利益の金額と相殺できる**損益通算**の規定があります。暗号資産の取引による**雑所得の利益**の金額とも相殺できます。

　しかし，**雑所得の損失**の金額は損益通算できません。雑所得で損失が生じた場合は雑所得内の**内部通算**ができるのみです。つまり，暗号資産の取引により損失が生じたとしても，雑所得内の他の取引の利益としか通算できないということです。取引相場の乱高下する暗号資産取引では損失金が多額になることもあり得ますので，その損失の金額を損益通算できないのは，納税額に大きな影響があります。

　＊　損益通算は他の所得同士の通算，内部通算は同じ所得区分内での通算

② 暗号資産による給与等の支払い

　最近では，現金支給に代えて，暗号資産による給与等の支払いをする企業もあるようです。暗号資産による給与等の支払いは経済的利益の供与として「現物給与」となり所得税の給与所得が課税されます。

　この際の源泉徴収額は，給与等の支給が確定した日の暗号資産の時価相当額に基づいて計算します。なお，法定通貨以外による給与の支給については，労働基準法上の要件を充足する必要があります。

損益通算できないとこんなに違う

■ 損益通算のしくみ

不動産所得の損失
事業所得の損失
山林所得の損失
譲渡所得の損失（※1）

他所得区分の 所得金額 （※2）

通算

※1　土地・建物の譲渡損失は除く。
※2　源泉分離課税の利子所得の金額・配当所得の金額等，及び
　　　株式等に係る譲渡所得等の金額，土地・建物等の譲渡所得の
　　　金額は除く。

〈ケースA〉

・事業所得：1,000万円
・不動産所得：▲400万円

・所得金額は **600**万円
　1,000万円－400万円

所得が減って
税金が減った！
ラッキー！

〈ケースB〉

・事業所得：1,000万円
・暗号資産取引による雑所得
　：▲400万円

・所得金額は **1,000**万円

暗号資産取引の
損失分の税金は
取り返せない・・・

10-8 暗号資産の必要経費

取引所への支払手数料だけが経費ではない

所得税法上，雑所得の金額は「総収入金額－必要経費」より計算されます。**暗号資産取引の必要経費**としては，何が認められるのでしょうか？

まず，取得価額（§10-1）があります。また，その総収入金額を得るため直接に要した費用についても必要経費となります。具体的には下記のものが必要経費となると考えられます。

---

① 暗号資産を取引所で売却等する際の支払手数料

② 暗号資産取引に利用しているパソコン，マイニングボード，スマートフォン等

③ 暗号資産に関する知識・情報を得るための書籍の購入代，セミナー参加費，そのセミナー参加の交通費

④ 暗号資産取引に使用する通信費（携帯電話代，固定電話代，インターネット代），事務所の家賃，マイニングに係る光熱費

⑤ 暗号資産取引に使用する消耗品費（事務用品，コピー用紙等）

⑥ 確定申告の際の税務費用，コンサルティング費用　等

---

①～⑥を必要経費として計上する際には，暗号資産取引の利益を得るために直接に必要な経費かどうかを精査することが肝要です。その経費の中に個人的な使用である家事関連費が含まれる場合には，業務の遂行上必要である経費の割合を検討し，その割合の相当する金額のみが必要経費となります。

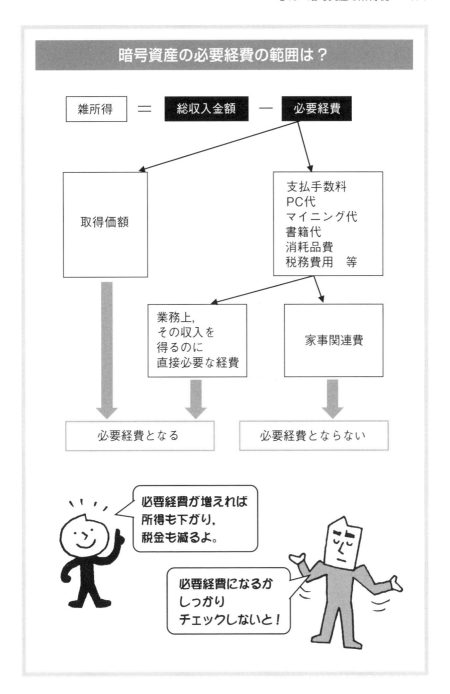

COLUMN

暗号資産の呼び名変更が持つ意味

　仮想通貨から暗号資産に呼び名が変わった理由については，§1-2でふれました。1つは国際的な呼び名との整合，もう1つは法定通貨との誤解を生みやすいことの懸念からです。

　このうち後者は，暗号資産の位置づけの考え方の変更とも言えます。名前に「通貨」がつくと，どうしても「法定通貨」であるかのような印象を与えます。しかし，暗号資産は特定の国や地域には属さず，また，国等が信用の後ろ盾となるわけではありません。

　しかし財産的価値がある「資産」であることはまちがいありません。

　つまり，呼び名を仮想通貨から暗号資産に変えたということは，支払手段との「通貨」より，投資対象である「資産」の側面が強いということを意味しているのかもしれないですね。

§11

NFTとは

バズワードのようにNFTという言葉を耳にすることが増えています。一方でNFTがなぜ画期的なのか，暗号資産と何が違うのか，はっきりとはわからない方も多いのではないでしょうか？
ここではNFTの基本的な事項について説明します。

暗号資産との違いに
着目してみよう。

NFTって何者?

11−1

デジタルデータに価値が与えられた

　画像や音楽などのデジタルデータは容易にコピーが可能であり，オリジナルとコピーの区別がつきません。そのため，画像や音楽などの価値のあるコンテンツだったとしても，無限に複製可能なデジタルデータそのものが価値を持つことはありませんでした。

　そこで利用されたのがブロックチェーンの技術です。デジタルデータに固有の情報を紐づけたうえで，コピーや改ざんが難しい性質を持つブロックチェーン（§4）上で公開します。この要素の集合がNFTです。デジタルデータをNFT化することにより固有の存在として識別可能となり，実物資産と同様に代替されることのないものとして価値を有することになりました。

　日本は，アニメやゲームといった豊富かつ上質なコンテンツを保有しています。コンテンツデータに価値を与えるというNFTとの親和性の高さから，今後の日本のデジタル分野における国際競争力を高める起爆剤として期待されています。

 Check! 　デジタルデータの価値

　2021年3月にはTwitterの創業者であるジャック・ドーシー氏の初ツイートのNFTがオークションで291万5,835ドルで落札されました。デジタルデータにこれほどまでの価値がついたということで，世界で注目を集めました。

NFTはデジタルデータに価値を与える

■これまでのデジタルデータ

現物資産と異なり，いくらでも複製可能

> いくらでもコピーできるなら
> わざわざお金払ってまで
> 買わないなぁ。

■NFT化されたデジタルデータ

ブロックチェーン

> デジタルデータが
> ブロックチェーンに
> 紐づいているため
> 複製できない。

> 世界に1つだけなら，
> コレクションする価値も
> あるね！

11-2 FTとNFTは何が違うの？

言葉の意味から考えてみよう

　NFTは「Non-Fungible Token」の略であり，直訳すればNFTは代替可能性のないトークンという意味になります。「代替可能である」とは，同じ価値のものとして交換可能なことをいいます。この点が，同じくブロックチェーン技術を使う暗号資産と異なるところです。

　たとえば，1万円札は記番号が付されており1枚として同じものは存在しませんが，いずれも1万円の価値を持ちます。つまり記番号の違いは価値の違いにならず，1万円札は代替可能と言えます。同様にビットコインに代表される暗号資産も異なるハッシュ値を持ちます（§4-5）が，価値は同じです。この意味で暗号資産は，代替可能な資産FT（Fungible Token）と呼ばれます。

　これに対して，NFTはデジタルデータの持つ固有の特徴や，通し番号のような識別可能となる情報を強調してブロックチェーン上に記録しています。デジタルデータそれぞれが違う価値を持つよう，あえて代替可能性を失うように設計されているのです。

 Check!　NFT＝コンテンツそのもの？

　ブロックチェーンはデータサイズの大きいコンテンツの保存には向いていません。そのため，NFTはコンテンツデータを識別する情報のみをブロックチェーンに記録し，コンテンツデータ自体はブロックチェーン上ではない別のところに保存されていることが一般的です。

代替可能と代替不可能の違いとは？

■代替可能な例

例1　お札

記番号が異なっても，
「1万円」の価値に変わりなし
→代替可能

例2　ビットコイン

ハッシュ値は異なるが
価値に変わりなし
→代替可能

同じように使えるから，
交換しても問題ない。

■代替不可能な例

例NFT：同じように見えるデジタルデータでも価値が異なる場合がある。
　　　　通し番号を付けてNFT化することで，代替不可能とできる。

通し番号001
1,000,000円

通し番号002
300,000円

価値が異なる
→代替不可能

ブロックチェーン

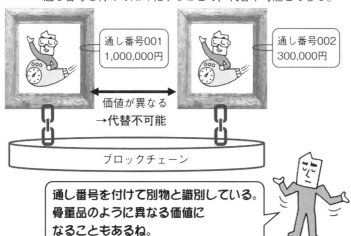

通し番号を付けて別物と識別している。
骨董品のように異なる価値に
なることもあるね。

11-3 NFTの活用事例

NFTのさらなる可能性

NFTはアート，アニメ・漫画等のデジタルデータの価値付与に限定されるものではありません。さまざまな分野において利用され，現在もNFTのあらゆる可能性が模索されています。

ゲームにはいち早くNFTが取り入れられました。ゲーム内のキャラクターやアイテムをNFT化することで，育てたキャラクターに価値が生まれ，売買することが可能になります。ゲームはお金を払って遊ぶものでしたが，ゲームを遊ぶことですることでお金を稼ぐことができるようになったのです。これは「Play to Earn」と呼ばれ，大いに注目を集めました。今も多くのNFTゲームがリリースされています。

メタバース（仮想空間）の中でもアバターやアイテム，土地など様々なものがNFT化されています。企業やサービスごとに様々なメタバースが存在していますが，ブロックチェーンには特定の管理者なく記録や共有ができるという性質があるため，購入した商品を異なるメタバースに持ち出すことができます。デジタルアセットを現実と近い形で利用できることとなり，メタバースのさらなる発展に寄与すると言われています。

 Check! NFTで地方創生？

2021年12月に新潟県長岡市にある山古志地域では，「錦鯉」をシンボルにしたNFTアート「Colored Carp」を発行しました。このNFTは同地域の電子住民票を兼ねており，多数のデジタル村民が誕生しました。

NFTのさらなる可能性

NFTの活用は単なる証明にとどまらない。

NFTゲーム
　キャラクターをNFT化することで価値が生まれる。

レベル100

百戦錬磨で
稀に見る強さに育てた
キャラクターだ
これは高く売れるぞ。

　メタバース（インターネット上の仮想空間）
　　NFTがメタバースのハブになる。

未来のメタバースで，アバター
（自分の分身）として，スッキ
リ丸を作成する。

アバターは通常，
その仮想空間専用だが，
NFTを使えば……

異なるメタバース（例：海外
のメタバース）で同じアバタ
ー（スッキリ丸）を使える。

11－4　NFTの法規制と会計処理

個別に慎重に検討が必要

NFTの法規制について考える場合，二つの分岐が考えられます。第一にNFTを購入した者に対して利益分配をするかという点です。該当する場合には株式の発行をする場合と同じような規制を受けることになります。第二に決済手段として用いられるかという点です。これに該当する場合は資金を保全するための登録等が求められることになります。この点，通常のNFTはどちらにも該当せず，金融規制は受けないことが多いと考えられます。

会計処理はどう考えられるでしょうか。NFTは上記の通り既存の法規制の対象とならず，会計基準等においても規定されていません。既存の会計基準や会計慣行にあてはめることが考えられますが，契約による権利義務関係やそのNFTの性質等を考慮して慎重に検討することが求められます。

 Check!　NFTは決済手段ではない？

　NFTは通常は同一のものは存在しないため，一般的には決済手段としての機能を持たないと考えられています。一方で，外見上相違のないNFTが多数発行されてしまう場合，決済手段と見なされてしまう可能性も否定しきれません。NFTの性質を踏まえて，慎重に判断する必要があります。

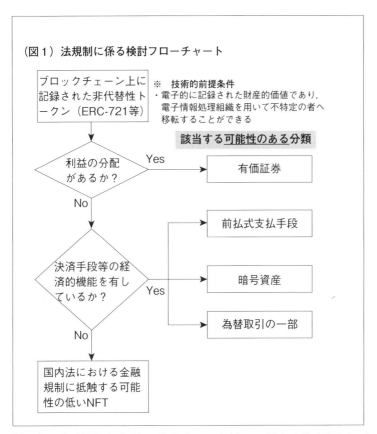

NFTの法規制

（図1）法規制に係る検討フローチャート

ブロックチェーン上に記録された非代替性トークン（ERC-721等）

※ 技術的前提条件
・電子的に記録された財産的価値であり，電子情報処理組織を用いて不特定の者へ移転することができる

該当する可能性のある分類

利益の分配があるか？ → Yes → 有価証券

No ↓

決済手段等の経済的機能を有しているか？ → Yes → 前払式支払手段
暗号資産
為替取引の一部

No ↓

国内法における金融規制に抵触する可能性の低いNFT

（出所）日本暗号資産ビジネス協会「NFTビジネスに関するガイドライン」

NFTの性質に照らして慎重に検討しよう！

【監修者紹介】

田中　計士

公認会計士。第2事業部に所属。
キャリアの前半においては食品，化粧品等の大手消費財メーカーの監査・非監査業務に多
数従事し，消費財セクターリーダーとして専門誌への寄稿やセミナー登壇等の外部発信を
リード。2017年頃からは暗号資産交換業者を始めとする様々なweb3関連企業の監査・非監
査業務に従事するとともに，アシュアランスイノベーション本部ブロックチェーンセンター
共同リーダーとして内部向けコンサルテーション対応，外部向け発信を多数リード。
その他，日本公認会計士協会暗号資産対応専門委員として専門業務実務指針の策定等に従
事。

河村　吉修

公認会計士。金融事業部に所属。アシュアランスイノベーション本部ブロックチェーンセ
ンター兼務。
地方銀行，大手金融機関，信販業会社等の金融機関監査を歴任。直近においてはFINTECH
企業のIPO支援業務の他，暗号資産交換業者等ブロックチェーン関連企業の監査業務やアド
バイザリー業務に従事。その他，日本公認会計士協会暗号資産対応専門委員として専門業
務実務指針の策定等に従事。

【執筆者紹介】

本橋　鉄平

公認会計士。第2事業部に所属。アシュアランスイノベーション本部ブロックチェーンセンター兼務。メディア・エンターテインメント企業を中心とした会計監査業務に従事。

並木　貴弘

公認会計士。金融事業部に所属。
証券会社の会計監査業務に従事したのち，暗号資産交換業者の会計監査およびIPO支援に従事。

古谷　雄太

公認会計士。金融事業部に所属。
銀行，ノンバンク，リース会社，暗号資産交換業者等の会計監査業務を中心に従事するほか，FINTECH企業をはじめとした上場準備会社の会計監査，IPO支援に従事。

市川　義人

公認会計士。アシュアランスイノベーション本部AIラボ及びブロックチェーンセンターに所属。金融事業部兼務。
暗号資産交換業者等複数のブロックチェーン関連企業の監査業務の他，監査ツールの開発業務に従事。

左近司　涼子

税理士。企業成長サポートセンターに所属。
当法人に入所後，大手証券会社に駐在。資本政策の策定，事業承継対策プランの作成に従事。その後，資本政策・事業承継コンサルティングなどのトータル・アドバイザーとして業務を展開。

【「図解でスッキリ　仮想通貨の会計とブロックチェーンのしくみ」の執筆者】

菊池　玲子　　原坂勇一郎　　並木　智之　　安達知可良　　渡水　達史　　鈴木　恭二
浅野　敬史　　加藤　健一　　左近司涼子

184

EY新日本有限責任監査法人について

EY新日本有限責任監査法人は，EYの日本におけるメンバーファームであり，監査および保証業務を中心に，アドバイザリーサービスなどを提供しています。
詳しくはey.com/ja_jp/people/ey-shinnihon-llc をご覧ください。

EY | Building a better working world

EYは，「Building a better working world ～より良い社会の構築を 目指して」をパーパス（存在意義）としています。クライアント，人々，そして社会のために長期的価値を創出し，資本市場における信頼の構築に貢献します。

150カ国以上に展開するEYのチームは，データとテクノロジーの実現により信頼を提供し，クライアントの成長，変革および事業を支援します。

アシュアランス，コンサルティング，法務，ストラテジー，税務およびトランザクションの全サービスを通して，世界が直面する複雑な問題に対し優れた課題提起（better question）をすることで，新たな解決策を導きます。

EYとは，アーンスト・アンド・ヤング・グローバル・リミテッドのグローバルネットワークであり，単体，もしくは複数のメンバーファームを指し，各メンバーファームは法的に独立した組織です。アーンスト・アンド・ヤング・グローバル・リミテッドは，英国の保証有限責任会社であり，顧客サービスは提供していません。EYによる個人情報の取得・利用の方法や，データ保護に関する法令により個人情報の主体が有する権利については，ey.com/privacyをご確認ください。EYのメンバーファームは，現地の法令により禁止されている場合，法務サービスを提供することはありません。EYについて詳しくは，ey.comをご覧ください。

本書は一般的な参考情報の提供のみを目的に作成されており，会計，税務およびその他の専門的なアドバイスを行うものではありません。EY新日本有限責任監査法人および他のEYメンバーファームは，皆様が本書を利用したことにより被ったいかなる損害についても，一切の責任を負いません。具体的なアドバイスが必要な場合は，個別に専門家にご相談ください。
ey.com/ja_jp

図解でスッキリ
暗号資産の会計とブロックチェーンのしくみ

2018年10月20日　第1版第1刷発行
2022年7月20日　第1版第5刷発行
2023年9月20日　改訂改題第1版第1刷発行

編　者　EY新日本有限責任監査法人
発行者　山　本　　　継
発行所　㈱中央経済社
発売元　㈱中央経済グループ
　　　　パブリッシング

〒101-0051　東京都千代田区神田神保町1-35
電話　03(3293)3371(編集代表)
　　　03(3293)3381(営業代表)
https://www.chuokeizai.co.jp
印刷／文唱堂印刷㈱
製本／㈲井上製本所

＊頁の「欠落」や「順序違い」などがありましたらお取り替えいた
　しますので発売元までご送付ください。(送料小社負担)
ISBN978-4-502-46941-1　C3034